生命的善行

托尔斯泰陪你
走过春夏秋冬

（俄罗斯）列夫·尼古拉耶维奇·托尔斯泰 著

冯永 李俊杰 译

中国华侨出版社
北京

目录

四月

五月

六月

四月

生 命 的 善 行

托尔斯泰陪你走过春夏秋冬

知识

四月
一日

　　学问的界限是浩瀚无边的，所以想要获取真实的学问，你一定要懂得在浩瀚的学问海洋里分辨出主导内容、次要内容，以及无关紧要的内容。

　　由于前人的研究累积，现代社会已经形成了庞大的知识体系。我们要在这无限的学问中吸收小部分内容，仅仅是这一小部分，对我们来说，人生都显得如此短暂，能力都显得如此单薄。当我们吸收了很多利于充实自己的学问后，我们又必须把大多数学问如草芥般摒弃。不管怎样，都不能让自己承受超负荷的学问包袱才行。

康德

　　如果一个人过早读书，或是超负荷读书，就会承受太多无法消化的素材，这会导致人仅凭印象控制情感或秉性的结局。所以我们时刻需要深远的哲学，它可以让我们做回纯粹的自己，可以让我们发现自己是多么冲动地吸收了一堆其他人的无趣的想法和建议。它可让我们开始以"自我"去感觉、去交谈，或许它可让我们开始以"自我"的模样而生存。

利希滕贝格

波斯有一位智者说：

年少时我曾对自己说："用尽全力去学习全部知识吧！"但不管怎么说，我们无法透悉全部的内容。当我年事已高，我可以稳重地看待自己所学的知识，由于我的人生已经抵达另一个进程，那些东西也变得无足轻重了。

不要再怀着欲知天下事的信念了。在正常情况下，我们可以了解到的天道或已存的准则是非常少的，但这已经足矣，获得更多并不会让我们更充实。我们应该抱有这样的信念：谦逊的人生和欣然接纳人生的态度才是我们应有的追求。超越这个鸿沟的所有努力只会徒增杂乱，超越这个鸿沟的全部学问也只会徒增烦忧。

罗斯金

天文学家的观察或推算给我们呈现了许多东西。但是他们在探索中最主要的成就就是让我们知道自己无穷无尽的无知；在了解更多学问之后，我们才开始理智地觉得人类所知不过是皮毛。一旦我们开始深刻去反思这件事，我们在选择理智活动的最终目的上就会发生重大的改变。

康德

"我们可以看到地上的小草，但在月球上你看不到。你可以看到草里长着的小花，小花里的小生物，此外，再也没有其他东西了。"这说法多么自大！

"事物都是复杂的，是由各种不可解剖、不可说明的因素结合而成的。"这个说法又是多么有把握！

帕斯卡

无知一点儿也不可怕，该畏惧的是伪装的学问，它会产生这个世界全部的险恶。

学问是无涯的。所以，那些懂得许多的人对于那些知道得不多的人所抱有的优越感也几乎微不足道。

品德的存在

真正的生活就是在于为了变得更好，用心灵的力量战胜自己的身体，靠近上帝。这不是自然而然就能成的。为此需要努力。且这种努力给予人们快乐。

习惯并非好事。一旦把做好事当成了习惯就算不上好事了；习惯会让做好事失掉其道德意旨。通过辛勤得来的东西才算得上是"善"。

康德

不要着急，不管你的身上肩负着怎样的重责，都视之为一种奉献吧！你该学会从芸芸众生身上吸收睿智人生所需要的东西，就如胃吸收食物的养分一般，又像加上燃料的火燃得更旺一般。

马可·奥勒留

越是努力抛弃自己肩上沉重的痛苦，肩上的重责就会愈发沉重。

卢梭

对待我们所做过的事，我们应当随时怀着慎重的心态；不能对任何事情都以不留神为借口，这是不可饶恕的。

如果人可以纯粹地依靠品德沉着地履行责任，那他便会逐渐变得强大，并能勇敢坚强地面对人生中的纷扰与涅槃。

爱默生

成长的过程是从容的，并非痉挛式的迸发。科学的全部范畴怎能单凭激昂的思想去获取呢？忽然迸发的醒悟怎能战胜邪恶呢？心灵的成熟只能是通过跟随睿智的教导并不断克制、坚持不懈的成果。

伊凡·蒲宁

品德上的拼搏和探索人生的欢乐双方相互联系，就像肉体的运动和歇息的欢乐的关系。不存在肉体的运动，便不会有歇息的乐趣，相同的道理，不存在品德上的拼搏便不会存在探索人生的乐趣。

死亡

四月三日

　　当我们死去的时候，可能只会是以下这两种结果中的一种：或者是，我自己猜想的，过渡到另一个独立的空间；或者是重生为独立的生物，和上帝混合在一起。这种或者那种——这两种情况的任何一种都会是很好的。

　　生存是梦幻，死是醒悟——我们的确可以这样觉得。但当我们的秉性没有感到任何自愿，活得糊里糊涂的时候，我们便会觉得死亡是一种破灭。

叔本华

　　死亡是躯体的毁坏。死亡意味着我们了解东西的玻璃窗户破碎了。这样看来，是否会用另一种东西替换玻璃窗，或是直接透过窗子看东西，我们一无所知。

叔本华

　　就像种植无花果树的人清楚果子成熟的时间一样，神清楚把人从这个世界召回的时间。

人生是存在束缚的，它一定有开端和结局，就像果实或四季那样。睿智的人都死心塌地遵守这个顺序。童话里对神下战书的巨人是那么嚣张，他们想要对抗的是自然或自然规律。

西塞罗

寰宇之内"我"这个个体，能否在死亡后继续生活下去？这个问题的答案仅有一个：如果个体的生活可以延续得更好，它便会延续；反之，则会终止。凭借我对神的体会，我可以确信神做的一切便是最好的安排。

爱默生

死亡可以随便让质疑永恒的人脱离灾难和猜疑；死亡对于坚信永恒并期望新生的人来说又是莫大的幸福。所以，如果死亡和烦懑不形影相随，大家都想要奋力去死亡了；正因为烦懑的存在，人才不随意寻死。

没有一个人知道死亡是什么，但也没人清楚死亡是极大的善；人们都把死亡当成极大的恶并害怕它。

柏拉图

如果人们知道，打雷的时候，闪电已经打过了，所以雷声是不可能致命的，但人们还是会因为雷击而感到恐惧。对待死亡也是如此。如果我们知道，肉体的死亡毁坏的只是肉体，而不是灵魂，我们还是不能不惧怕死亡。开明的人们，自身抑制着这种恐惧，不忘他的生命不存在于肉体之内，而是在于灵魂内；不开明的人们认为，死亡意味着一切都将死去，他们是如此的惧怕它，躲避它，就像愚蠢的人们躲避雷击，就好像这个雷击无论如何都已经不可能杀死他。

我们尽力吧！延续不畏惧死亡，更不期望死亡的生存形态。

欢乐

人生充满着愉悦，而且理应如此。

这个寰宇并非伤心的地方，也不是苦痛的囚牢。这个寰宇的生活充满着愉悦——只要我们肩负起责任，过适当的生活，就可以享受无穷的愉悦。

一个怀有恶念的人不仅会让自己蒙受厄运，也会给别人带来灾祸。慈悲的心就像润滑油一样，可以让车轮顺利前行。

许多人过分执拗于满足自我，如果自我的愿望得不到实现就会哀伤不已。只有清楚理解愉悦的真实面目，并不为愉悦的消逝而悲伤，才是最正确的做法。

帕斯卡

尝试一下吧——只要你勇于尝试，你或许可以像那些凭着爱和善举来获取内心的愉悦并安于命运的人一样，幸福生活下去。

马可·奥勒留

保持快乐的主要秘诀在于，不让琐事烦扰我们，同时珍惜落在我们身上的那些小快乐。

斯迈尔斯

任何时候都不要寻找快乐，但是要随时准备处于快乐之中。如果你的双手被占据，而内心是自由的，那么最微不足道的事情也能使你快乐，并且，你能在所听到的话里，找到有趣的和令人愉快的部分。但是如果你将快乐视为你生活的目的，那么那一天就出现了，即使是最喜剧的场面，也不会让你发自内心的微笑。

约翰·罗斯金

真正的智者总是快乐的。

快乐生活的重要方式是让人坚信人本该是愉悦的。如果你不再愉悦，你一定要找找出错的原因。

人必须劳作

四月五日

人不可能逃开"勤奋劳作"的原则，除了犯罪；这里指的犯罪是粗暴的应用或参加，或是粗暴前的屈服。

如果需要奴颜婢膝不如不要生命，如果需要借助富翁过豪华的生活不如穷困。不需要在富有的人门前苦苦哀求——这才是最佳的生活。

印度经典

如果需要为了填饱肚子而丢失纯洁，倒不如马上饿死。

梭罗

从前有两兄弟，一个服务于帝王，一个凭自己的劳作度日，富有的哥哥对贫穷的弟弟说：

"为什么你不服务于帝王呢？这样你就不需要那么辛苦地当个穷人了。"

贫困的弟弟说：

"你为什么不靠自己双手，远离低贱的奴仆境地呢？一位智者曾经说过'当别人的奴仆，即使身缠金带，也不如凭自己劳作获得粮食来得更安全。'我宁愿双手去运土和捏土，也不想像奴仆一样双手交叉在前；我宁愿为一片面包而欢欣，也不愿当卑贱的奴仆。"

萨迪

不管帝王赏赐的衣服多么豪华，都不如自己贴身的布衣。不管有钱人的餐桌多么丰盛，都不及自己桌上的小片面包。

萨迪

不在大地上辛勤劳作的人，大地会对他说这样的话——你拥有双手，但却不辛勤劳作，这样的你是否和那些在别人门口乞讨的乞丐一样呢？是否一定要乞讨富有人家的残羹剩饭呢？

圣约翰·克里索斯托

如果一个人可以坚信辛勤劳作的生活比碌碌无为的生活更加值得尊敬，并抱着这样的信念过日子，而且还能凭着这个信念来评判别人尊重别人——那么他的人生一定是充满愉悦的。

如果你憎恶劳作，可以肯定，你不是腐化的人便是残暴之人。

通常，人都从事着自己认为分外紧要的各种各样的工作，但却鲜有人从事提高精神、提高觉悟的事——而这是人类一致的职责（其实囊括一切事宜）——由于要达到这个目标，对人类来说并无任何阻碍存在，所以说它是人类一致的职责。

年少时，我们都高兴地敬佩道德理想，都坚信人的职责是持续走向"圆满"的境地。

年少时，我们都觉得把所有人带到正途，可以做到消灭全部的犯罪和灾祸。这种年少时的美好遐想是否很幼稚呢？而这些遐想最后都难以实现，这到底是谁的过错？只有神清楚。

我觉得通过自己的拼搏来改善自己是最好的生活方式了，而且没有任何的东西可以比觉得自己日益强大来得满足。到今天为止，我依然体验着这一体验，我可以用我的良心来保证。

苏格拉底

对那些指出我们不足的人，我们应该怀有感恩之心。当然即使别人指出我们的不足，我们的不足并不会就此消失，因为我们自身有太多不足了。但由于别人的指正，我们清楚地意识到自己的不足，并为此而担心，就会督促自己去改变，改正自己的不足。

帕斯卡

我们的认知能力除了可以对外在世界做出判断外，还有更大的作用，因为我们不断处于自我认知的过程中。我们的幸与不幸主要在于我们对自身的态度，而非别人对待我们的态度。保持改进自己吧，这是我们可以做到的对别人或自己的最佳的事情。

露西·马洛丽

年终的时候，一个人可以感觉到自己比年初的时候取得了长足的进步，那就是最美妙的事情了。

梭罗

"就像你们的天父那样完美吧"——意思是：努力去释放自己生活的神圣。

在芸芸众生中，人依然渴望自我圆满。但如果你一直在荒漠中徘徊，想要实现这个目标则难于上青天。圆满自我最好的方式是独立探索出个人的世界观并保持它，然后把它运用到日常自己所从事的工作中。

以德报怨比睚眦必报更自然、更轻易、更机智。

依据人本性的根本准则来做事情是人能想到的最大的快乐，这个准则会号令你把与人为善当成自己最大的快乐。

马可·奥勒留

怀着善良的心应对丑恶。

《塔木德》

应该怎样对待自己的仇人呢？就以更多的善意对待他。

爱比克泰德

和人相交的时候，只有给对方更多的尊重，才会利于他。

歌德

如果你能以德报怨，你就可以把那些丑恶的人以恶性来获取的快乐打破。

　　人一旦尝试过以德报怨的快乐，就会竭尽全力去争取收获这种快乐的时机。

战争

四月八日

战争是一众人一起所犯的罪孽。

可以用不同的方法否认基督：第一，可以粗鲁地亵渎，嘲笑他的伟大——但这种方法不是危险的。对于人们来说，信仰太贵重了，任何人的嘲笑都能从他们的手里夺走它。但是，还有另一种方法：以基督为主，并不完成他的圣训；用他的话压制自由的思维，和用他的名字遮盖、净化人们的所有的疯狂、谬误和罪孽。这第二种方法是特别危险的。

西奥多·帕克

战争就似一层帷幕，它的背后有林林总总的人，不计其数的民族犯着惊人的恶行；这些恶行在战争之外的状况下是人类不能承受的。

斯普林菲德

　　不管是何人赞成的，不管用怎样的话来辩白，杀人者永远罪孽滔天。所以全部杀人者——不管是已经杀了人的还是在做杀人准备的，都不配获得敬重或歌颂，他们需要的是同情、感化和教导。

不朽

四月九日

忠诚于善和崇奉永恒是同一件事。

没有人胆敢对下世的生活做肯定的推测。我们对神还有下世的信仰并非建立在逻辑上，而是品德上。我自己是凭着品德感来信赖神的存在与我的"自我"的永存性。或许也可以这样说，信赖神以及死后的世界是我的本性使然，那不能脱离我而存在。

康德

我们的心灵越强大，我们对永恒的崇奉也会越牢靠。当我们的本性不再是愚蠢的动物性，摆脱无耻的私念或可悲的迷信，我们对这种崇奉更不会含一丝疑虑，更能把信赖带入独有的雄伟德性之内。换言之，那时一切都将柳暗花明，我们便可以快乐地踏进神的周围。

马蒂诺

要我们去信赖不曾见过的、不明的事，全赖我们已见已知的一切带领。神在将来为我们准备的必定是一种崇高的、充满恩泽的东西；神在其中的举动一定离不开我们此生所认知的事物的本质；我们将来建立的基础一定脱离不开我们可以体会的登峰造极的东西。

爱默生

死亡一点儿也不可怕，人摆脱永恒的准则才会导致死亡的可怕。

心中真正有神一席之地的人，不会费尽心机想要博得神的恩宠；对他来说，自己可以爱神便已足矣。

斯宾诺莎

付出一切代价去向爱神求善的人，对自己的永恒性矢志不渝。

接近神的境地

四月十日

随着与神的王国的距离拉近，大家会逐渐发现到现行章程的愚昧以及和自己的天性相悖，这会无可避免地促使人们改良现行制度和建立新制度。

我活得越久，我要做的事情就越多。我们活在一个重要的时刻。人们从来没有面临过这么多的事情。我们的时代是革命的时代，不是物质革命，而是精神革命这个词汇的表达意义最好的时代，形成了社会构造和人类完善的最高理念。我们活不到收获的时候，但带着信仰去播种是一种巨大的幸福。

钱宁

倾听对社会中传播的基督教现有形式的那些强烈的不满，怨声载道，有时愤恨，有时忧伤。每个人都渴望着神的国度的到来。且它正在临近。

更纯粹的基督教，尽管来得很慢，但越来越多地占据称谓这些名字的位置。

钱宁

自然中春季的湿气和人类的迟疑或彷徨都是一种转化过程中的表象，这也表明，对大自然来说那是季节转变为夏天的过程中出现的，对人类来说那是人生观转变的过程中孕育的。可以明白这一点的人，不但不会对湿气和彷徨感到哀伤，反而会因为临近的夏天、靠近的神的王国而兴奋。

斯特拉霍夫

当代人一定要有四海之内皆亲人的宗教认识，也一定要有大家的幸福建立在彼此和谐的基础上这种认识。正确的科学一定要为我们暗示这种认识如何运用于生活的各种举措。真正的艺术一定要把这种认识诉诸感情。

目标越是遥远，更需要从容朝前踏进。不要急躁，但也不要停步。

约瑟夫·马志尼

"心里不必烦忧，信赖神，也信赖我！"——换言之，就是相信基督告诉我们的需要相互帮助及爱的准则。既然基督提过这个准则，我们一定要理解它，并且一定可以实现它。

道德天下

四月十一日

道德世界里的东西要比肉体世界里的东西，联系得更紧密。

任意欺诈随时跟随着一大串其他的欺诈，任意邪恶随时跟随着许多其他的邪恶。

如果人有一次违反了小的戒律，那么最终他还是会违反大的戒律。如果他违背了这条戒律：像爱自己那样，去爱你亲近的人，那么他最终将会违反这些禁令：不报复，不怀恨在心，不痛恨自己的兄弟，——最终会达到流血的地步。

《塔木德》

人们常把纯洁的良心当成炫耀自己的口头禅。

拉非基

勿轻视任何恶，勿在心中断定这与自己关系不大。水滴可以积满钵子，歹毒之人的恶往往是从小恶积累而成的。

勿把施小善不当一回事，勿在心里断言这是自己望尘莫及的。

点滴的积累，很快就会把钵子装满水。圣人的善通常是从小善举累积而成的。

佛教智慧

只有把根部的凶恶消除掉，全部的恶才会随之消失；就像砍树一样，先要砍掉树干，树枝也会跟着掉落。

帕斯卡

开始消除一恶吧，十恶也会随之消失的！

梭罗

人生通常有两种方向：一种是良心支配着行为；一种是违背本心做事。有些人是前者，有些人是后者。要想成为前者只有一个办法：就是点燃心中的明灯，并且时刻警惕它所指的方向。

你应该找出恶出现的原因。如果你可以这样做，你便会听到最原始的呐喊，你也会因此而内疚。

停下你的脚步，试试去找寻，你会寻到恶开始之初的整个陷阱的。

神

进入到自己内心的某个深度，你便可以看到神。

因为我们的存在，所以神也共存。我们可以把它叫作神或其他也可以，但不能忽略，我们无法创造内在的生命，而是被赏赐的。我们就把这个生命的根源称为神或其他的名称吧。

约瑟夫·马志尼

幻想害怕自己本身创造出来的幻影是无可厚非的，毕竟那只是幻想。但理智畏惧于自己创造出来的领域则是无法谅解的。因为理智是具有批判性的，无法遭受欺骗的。理智的欺诈只是对物体的大小误解；子体定会小于母体。所以我们理智地创造出来的空间观念一定要进行改变；理智一定要从"空间"中摆脱。空间让理智对自身产生误解。但这个摆脱离不开我们研习的过程中把空间放进理智内来看，而不是把理智放进空间内才可以实现，换言之，就是让空间还原其根本特征。空间具备扩展的特性，理智便处于中心位置。

所以神就在我们的身边。我们不可以说神有十亿立方公里，也不能说神比这小几百倍或放大几百倍。

当人回到理智的中心位置，理智便远大于空间、时间与数量等一切。

卢梭

每当我站在树林中，看到甲虫在我的惊吓下张皇失措地逃跑的时候，我总会思考这只甲虫为何要这样怯懦地避开我，自己总想像个恩人似的告诉它及对它种类的认知——这时，自然而然，我会想到在我之上，即在人类和甲虫之上的那个大恩人。

梭罗

搜寻神就像用网来捞水一般；你在捞时，水确实在网内，但只要一提起网，水便消失。当你凭着思想和行动去搜寻神的时候，神便在你的心里；一旦你觉得寻到神而丢掉心，神便马上消失。

斯特拉霍夫

从前我竟没法看出这样一个毋庸置疑的事实——在我们的生活之外存在着"某物"，我们就如翻滚的水泡，在它内部互相争夺、破裂、消逝——多么神奇，我竟没能看到这样的事实。

一个人不能因为自己不了解神而断言神并不存在。对于这样的人，我可以说的是，他一定还没有了解神、领会神的能力。

慧心的起源

四月十三日

对于生命中精神方面的根源，我们可以从两方面来理解，一方面是理性，一方面是爱。

圣人一般有三个特点：一，身先士卒。二，遵守正义。三，心胸宽广。

伟大的思想来源于灵魂。

沃维纳格

我们的品德和才智是密不可分的，当接触一个的时候，另一个也必定会接触。曾受伤的才智常对世界进行咒骂。

罗斯金

探索一切。只相信符合理性的事物。

理性（智慧）和才智性质不一样。就像俾斯麦这类人，虽然智力超群，却缺乏理智。才智可以明白和创造现实人生条件，理智可以让人透彻世界与神的关系。理智和才智并不相同，甚至是相悖的。理智让人免受到才智带来的各种诱惑和欺瞒——理性的重要之处就在这里。换言之，理智可以消除那种诱惑，可以释放人的本质——爱，还原爱的真实面貌。

通常大家都会把理性与良心分开，大家觉得善举比思索的力量更重要，但这等同于把我们一体的精神分离掉，我们的天性会因此遭到伤害。把思想从道德中去掉会有什么东西剩下？如果没有思索的力量，那么我们所说的良心不过是虚伪、浮夸的东西。世界上最残酷的事情都是用良心之名做出来的，大家却用良心的命令这样堂而皇之的理由去相互怨恨、相互残杀。

伊凡·蒲宁

邪恶的人不可能成为理性（智慧）的人。一般仁者也是位智者。我们应该在心中，依据理性来扩充善，依据爱来巩固理性。

暴君和奴仆

四月十四日

想要把良好的制度建立在权势阶级（富翁）和奴隶阶级（穷人）这种等级严明的社会是不可能的。

我们必须清楚，当代由于大家的拜金而催生了异常奇怪的结果。我们张扬的是彻底的疏离和绝顶的利己主义，虽然说我们大家过的是社会生活。我们所过的并非友好互助的生活，而是相互仇视的生活——口头上美名为可亲的逐鹿，实际上制造的是可耻的战争。

我们忽略了人和人之间的关系不单纯是通货的支出。富裕的工厂老板说："劳动者饿死和我有什么关系？我在市场上公开雇用他，并且依据契约，分文不差地给他支付了薪水。在这之外的事情并不在我的责任范畴之内。"的确，拜金是种可悲的信奉。该隐为了一己私欲把亲弟弟杀掉，别人问他："你弟弟到了哪里？"他却这样说："难道我时刻盯着我弟弟吗？难道我还没付清该付给弟弟的钱？"

卡莱尔

土地是人赖以生存的必需品，把人的土地剥夺了，就相当于削他的骨喝他的血，而他最终只能沦为奴隶。社会生活发展到某个阶段的时候，由于土地私有化而衍生的奴隶制度，由于没有把肉体附属于他人身上的奴隶制度那么简单和赤裸裸，所以显得更加残忍和让人厌恶。

亨利·乔治

假设我救了溺水者，但在此前，我和他约定了以他的大部分财产作为施救的条件。在这里，显然是以效劳报效劳。他认定自己的生命比他的财产更珍贵。那么关于这种约定，能说些什么呢？同时，这样抢走人们的财产，因为上百万的人们拥有最少的或者微乎其微的财产，并且他们因为工作拥有它们，即为了他们的财产，给出存在的方式。

伏尔泰

让人类增加幸福感的方式和工具的确是增添了许多，这些我们的祖先都无法料到，但我们真的觉得幸福了吗？如果只有少数人因而感到幸福，那么大部分人都会因而感到越来越不幸了；如果幸福生活的全部手段都只能适用于少量的富人身上，而无法让更多的人感到幸福。牺牲别人的幸福得来的幸福怎能算得上是真正的幸福呢？

卢梭

试着想一想，假设我要去救一个即将淹死的人，但我却提出了得到他的大部分财产的要求——这个交易是成立的，通常那个人会觉得财产远没有自己的生命重要。但这算哪门子的协议呢？

我们怎可霸占别人的财产？绝大部分的人拥有少得可怜的东西，或者几乎丁点儿东西都未拥有；对他们来说，劳动等同于财产，他们建立生活的来源不正是劳动吗？

伏尔泰

这一方是蒙昧无知、贫穷、奴仆、沦落，那一方是文雅、富裕、权益，这损害了双方的互相尊重，在这样的前提下，基督宣扬的同胞爱的基础如何建立呢？

如果你可以不劳而获，那么一定会有劳动的人得不到薪酬。

报应 四月十五日

我们行为的后果是我们任何时候都不可能承担得起的，因为在无止境的世界里，我们行为的影响是我们想象不到的，无止境的。

我们的行为——是我们自己的，而其结果是老天的事儿。

弗朗西斯

你——一个日工，做满自己的一天，拿日工的工资。

《塔木德》

人们努力深入上帝存在的神秘中是徒劳的：他们的事情只在于遵从上帝的法则。

《塔木德》

完成你的事情，并由自己承担其后果。

《塔木德》

别人评价你们事情的影响，你们只需努力的做到，在此时，你们的心是纯净和诚实的。

约翰·罗斯金

圣洁的人关心的是人的内心，而不是外表。他轻视外表，而选择内心。

老子

人类劳动的固定条件之一是目标比我们渴望的越遥远，我们的劳动成果比我们自己希望的越少，那么我们成功的标准就更高更宽广。

约翰·罗斯金

对于人本身及他的别的事情，最主要和最必要的是，他看不见事情的后果。

每个人类的行为越光荣，越好，越伟大，那么它的影响越久远。

约翰·罗斯金

不考虑任何后果的行为，只考虑到上帝意志的实现，是人类可以做到的最好的行为。

在世界上，隐藏着大量的邪恶和虚假，就像矿井中的火药。当我们不得不在往这个矿井中投入同样的邪恶和谎言方面做出自己的贡献时，那么，显然，我们不违反人类社会生活的那些共同的安宁与平衡。当作为贡献时，我们带来的不是邪恶和谎言，而是善良和真理，善良和真理就像点燃邪恶和谎言的火药的火星，邪恶与谎言就显露出来了，而且很明显。

不对人们友善，继续维护王权的虚假，只能避免矿井中的炸药爆炸——这意味着不明白火药爆炸的意义，这只是延缓积累邪恶，使其不增长，而不是减少它的数量。

世上的利剑和划分，不会不安于那种被暴露在外的邪恶，而是乐于善与恶、光明与黑暗的公然冲突，这也将给光明和善良带来显然的胜利。

费多尔·斯特拉霍夫

如果你能看见你自己行为活动的所有影响，那么去了解，这个行为活动是渺小的。

尊严

四月十六日

人生在于了解自己那被密封在限制里的属于神的性质。

"认清现实"是唯一可以值得信任的现实。

笛卡尔

在心灵中去呼唤神吧，除此之外我们别无他法。

加菲德

我们的人生在于认清自己的永久性及循环性。换言之就是在时空的限制内了解超越时间和空间的思想。

认清人等同于认清神。

树立信仰

四月十七日

从摩西到基督，某些人和某些民族之间完成了伟大而具有高度智慧的宗教发展。从基督的年代到当代，宗教在一些人和一些民族间发展，意义非凡。人类认识了崭新的真理，并抛弃了古老的错误。宗教上的伟人为大家带来新材料，让大家更了解宗教。

西奥多·帕克

一个人如果没有清楚了解自己的生存意义，或者没有信仰，很容易过着远离神的生活，而在魔鬼的名下危险地过活。

人生是一段旅程——人并不能明确地把人生目的攥在手中，只能朝着那目的走去。

基督教有一个关于爱的特性，爱的重要条件是——不以暴制暴。

人是胆怯的，并且总是恳求宽恕自己。他几乎不敢说：我为本，我在思。

爱默生

如果想获取能量、获取安康，请建立信仰于心间吧。

学问的数量和质量

四月十八日

学问的数量并不重要，最重要的是学问的质量。有些懂得许多学问的人，却不懂得最重要的事情。

通常来说，文明只会让表面风光，隐藏于文明之下的是愚昧而并非教导。

露西·马洛丽

表达和接受真理的道路，艰难重重。谎言固然是真理的敌人，但最能危及真理安全的是下面这些人：总爱夸夸其谈、任何事情都要检讨的作家；自以为是的志士仁人，他们希望所有人的举动都可以反映出自己的论点；还有就是盲目接受所有愚昧的善男善女，他们丝毫不会怀疑自己十五岁之前接受的东西，他们探索出来的东西，也不过是在盲从的基础上摸索出来的。

利希滕贝格

只有学问却不付诸行动的人，就和不会下雨的云一样。

东方箴言

任何学问都有过度偏袒那学问的人，并且这些人通常就是刚踏进那学问的范畴便自知不足的人。

利希滕贝格

表明自己不清楚并没有害处，也并非可耻的事情，没有人可以知道全部的事情。但明明不清楚却假装懂得的样子则非常无耻，并且危害不少。

人不可能知道世上全部的事情，所以人对许多事情都判断失误。人有两种无知：一种是原始的无知，是人天生便有的无知；还有一种是圣人的无知。当某个人推敲全部的学问，知道了古人和现在的人所研究过的全部事情，他便会发觉这全部知识相加都无法真正深入了解神的世界，最后，他会相信有学问的人其实和没有学问的人并无两样，都是一无所知。

但也有些肤浅的人只懂得了丁点儿的学问，便扬扬自得起来；这种人即使拥有一点学问，也不可能成为真正的智者——真正的智者知道人的学问没有尽头，人之所懂不过是不值一提。前面所说的自认懂得许多的人，往往会扰乱社会秩序，他们自负地对所有事情做出轻率的决定，总是不断走着歪路。这些人很多都可以获得大家的敬重，因为他们制造的烟雾蒙蔽了不少人的眼睛。有些纯朴的民众识破了他们的真面目而无视他们，他们也把民众当成愚不可及的人而不放在眼里。

帕斯卡

通常，很多学者注重的是泛泛而谈，而不是人生思索，我们需要清楚意识到泛泛而谈带来的危害，换言之，它会损害真理。

塞内加

某些作家不直接表露自己的思想，而是对字眼再三斟酌，这种方式并不好。如果作者可以用最恰如其分的言语来传达自己的思想，那他相当于为改善全人类做出了贡献，而值得获取世人的关注了。

利希滕贝格

　　对于自己的生命意义没有明确的理解，没有被称为信仰的东西，人可以在任何时候背弃全部那些他曾经为之而活着的东西，并开始为了他曾经诅咒的东西而活着。

　　对真理来说，运用模糊的语言和模棱两可的解释是最有害的，而所谓的"学者"就是使用这样的方法；他们对学问一知半解，便找出一些不清楚的、含沙射影的言语来。

烦恼助于精神成熟

四月十九日

如果一个人不知道烦恼的益处，意味着他的智慧生活并未开启，换言之，他还没有开启真正的生活。

烦恼启示了我们人生的意义，就像昏暗的夜空出现星光一般。

梭罗

烦恼可以让精神变成熟；脱离烦恼，人不可能成熟，人生也不可能取得进步，人因历经烦恼而了解生命，烦恼是生活不可缺少的有利条件。所以有人这样说，深陷不幸的人，是神明深爱的人。

刚开始的时候，人们都把疾病、堕落、幻灭、破产、离别这些事情当成不可挽救的损失，但岁月过去，这些损失暗藏的恢复力终将出现。

爱默生

知道下面这件事是多么值得开心：真理是一扇门，只要打开这扇门，人类就可以从最先的无意识世界进入睿智的自发世界。

在前面的世界，烦恼即是烦恼，死亡即是死亡。但在睿智的自发世界，人生会从烦恼和死亡中获取幸福感。烦恼是那么好的征兆。

布加

人怎样看待自己的命运（或者怎样接纳它），毫无疑问，比什么才是人生的命运的问题还要关键。

洪堡

小烦恼会让我们摆脱自我，但大烦恼会让我们回归自我。有缝隙的钟，声音并不清晰，但把它分成两半，声音又会恢复清脆。

注重肉体生活的人，不管遇到多么残忍、痛苦的烦恼，都不会在精神上进行对抗或质疑，所以对这样的人来说，忍受烦恼不是难事。但对于注重精神生活的人来说，烦恼常督促他们走向完美，它是亮光，带领人走向神；对这样的人来说，烦恼便成了他们追求人生的助燃剂。

教会人明确知道自己存在的意义和终极目标是宗教的力量与幸福。但如果我们无视宗教传出的全部道德的泉源（就像我们在这个科学无所不能和知识自由的现代所做的一样），那我们就无法知晓我们因何来到这个世界，以及我们该怎样做诸如此类的问题。

命运的本质非常神秘，就在我们的四面八方，为了不让自己对悲剧现象感到悲哀，难道我们要停止思考？但假如我们可以知道世界是具有其秩序的，假如我们可以揣测天意，那也可以承受肉体的烦恼、道德上的鄙陋、精神或感情的苦恼、不法之人的幸福、正直者之不过等。即使伤痕累累，"信者"仍旧是快乐的，对"信者"来说，连敌人的不义和残暴都可以承受，敌人的罪恶不能夺取"信者"的希望。但在没有任何信仰的世界，恶和烦恼便再无意义，人生就像一场充满无尽的厌恶的恶作剧。

法朗士

　　对于依赖精神过活的人，都有一个共识，那就是烦恼会让人变得完美；对他来说，烦恼并非悲苦，而是幸福。

真实的幸福

四月二十日

对于一个意识到自己灵性的人来说，舍己为公是这样的财富，对于像动物活着的人们来说，那就像对激情和肉欲的满足一样美好。

对人来说，为谋取他人的幸福而抛弃一己之利是最幸福的事，这也是为了永恒的幸福。如果每一个人都可以像为自己争取利益那样来为社会谋取利益，大家肯定可以获得安宁和幸福。

露西·马洛丽

只忠诚于自我的人，不过是灵魂的囚徒，它必会让人陷入不幸，就像深陷监狱不见天日一般。

露西·马洛丽

我们真实的存活状态是为他人而活。听起来这句话满是奥妙，但你最好付诸行动，只有体验其中，你才会相信。

如果某个人过的是睿智的生活，否认世间的幸福并非难事，实际上那是他唯一的做法。但正由于这样，他会渐渐变得善良，他所处的环境也会越来越优良。

爱是生存的基础

四月二十一日

基督世界的人们生活是爱取代暴力，是认识到安逸，幸福的生活不是基于暴力和对它的恐惧，而是因为爱的可能性。

人们认为，有这样的一种可以毫无爱意地与人交流的状态，实际上没有。对待物品可以无爱：可以砍树，做砖块，锻铁没有爱，但你不能没有爱意的对待人，就像你不能不谨慎地对待蜜蜂。蜜蜂有这样的特性，如果你不小心对待它们，那么你伤害它们的同时，也会伤害自己。这和对待人时是一样的。

这不可能是其他的样子，因为人与人之间的相互爱是人类生活的基本规律。一个人不能像强迫自己去工作那样，强迫自己去爱，这是一个事实；但是由此还得不出可以毫无爱意的地对待人，特别是如果想从他们那儿得到什么东西。对人们感觉无爱——坐以待毙，自顾自己，做你想做的，只是对人不能这样。当你想吃饭的时候，吃饭才可以无害有利，因此只有你爱人们时，对待人们才会有利无害。只允许自己无爱的对待人，既对待其他人的残酷和暴行无限制，对自己的痛苦也没有限制。

四　月　047

对伐木、造瓦、炼铁这些物质无须有爱，但必须爱人。

这是由于互爱是人生存的根本法则。有人说我们可以凑合着做事，却不能凑合着去爱。这是事实。但不能单凭这句话就可以推断人可以脱离爱，特别是别人对自己充满期待的时刻。一旦觉得自己对他人的爱消失殆尽，可以尝试静坐，接着做自己想做的事情。有食欲的时候，吃下的东西才会有利，相同地，只有对他人发自内心的爱才会有利。允许自己短暂地不爱他人，但与人相交的时候必须摒弃残酷和凶狠，这样自身的烦恼也会自然消除。

莱辛

为了实现最大的幸福，最小的恶都应该拒绝。

帕斯卡

勿要逢迎世界，勿要随时预备过庸俗的生活；如果你选择这样的生存方式，你就会远离爱的领域。你应该过着和这个领域相近的生活，所以你一定不可以让自己生存于暴力之中，而是基于爱为基础。

认清自我便是认清神

四月二十二日

认清自我便是认清神。

耶稣高声呼喊，信奉我之人，不是信我，都是信那差遣我来的。人看到我，乃是看到那差遣我来的。我到世间来，乃是亮光，让那些都信奉我的人，远离黑暗。如果有人听到我的话却置之不顾，我不会审讯他；我原本就不打算审判世界，而是要拯救世界。抛离我的话的那些人，有审判之日；那就是我所说的信条，会在世界末日审讯他。由于我并非一人之言；派遣我来的父，已给我指示，告诉我所说之言。我也清楚他的指示就是永生；所以我所说之言，正是遵从父的旨意。

《约翰福音》12：44～50

最浩瀚的学问便是认清自我。而认清自我就是认清神。

圣贤思想

对某些人怀有爱是人的基本特征，却不爱另一些人——这有一定的差异，但并非由于时间和空间的限制而导致的。相反，不管空间时间是否对人起有作用，人生来就具备爱某些人和不爱某些人的特性。所以，在相同环境诞生并受到相同教育的人却彼此厌恶，这是人对自我最主要的背离。

一个没有纯洁心灵的人，不可能敬重神，不可能去做礼拜，作恶多端的人不可能做真诚的礼拜。

森林、天空、地上或圣河里并没有神圣的东西。洁净你的肉体吧，这样你才可以看到圣洁之物。将肉身置于祭坛，摒弃恶念，用心来体会神。当我们看到神之时也会看到自己。如果没有付诸行动，书本是远不能消除我们的畏惧的，就像画上的火驱赶不了黑暗一样。不管你的信仰和祈祷是什么，如果你心中没有真诚，就无法走上幸福的道路。理解真理的人将会获得新生。

幸福的根基存于人的内心，四处搜寻的行为是愚昧的，这就像牧羊人四处寻找怀抱着的小羊一样。

为何我们要搜寻如此多的石头建立大寺院呢？神一直都留在我们心间，我们何苦那么费心。

看门狗胜于失去性命的楷模；一个让人敬仰的神胜于全部的半神。

星星般的光芒存于每个人的心间，那就是我们所探寻的庇护所。

朝着看不清自我的人高喊："远离自己奔赴神的怀抱吧！"——这是搞笑的做法。聆听这些话的对象该是那些看清自我的人。

　　人如果可以从精神层面上看清自己的实质，就可以把自我从惊惶的、哀伤的、附属他人的世界转变到自在的、牢固的、开心的世界。

真实的善良是纯粹的

四月二十三日

真正的善总是很简单。

简单是如此的有吸引力和有益，但令人惊讶的是，有很少的人是简单的。

有利之物全部都是廉价的，昂贵的不过是那些有害之物。

梭罗

我们把全部的"获取"谓之为进化。通常来说，"获取"也意味着失去，举个例子，大家都觉得新发明丰富了我们的世界，但换个角度而言，我们都将丢失某种天生的特性。文明社会，人们可以以车代步，但自己的双腿却因此而软弱。虽然他们可以通过迷人的时钟获知时间，但却忘却了通过太阳获知时间的方法；他们有历书，觉得自己可以在那儿找到所需的东西，但他们再也区分不了夜空的星星，搞不清春分秋分。真实睿智之人懂得抛弃多余之物，握紧关键的不可或缺之物。

爱默生

多数人都是按照别人的花钱方式去花钱，我们甚至不惜为吃穿欠债，但我们为学问、灵魂、美的付出却少得可怜。

爱默生

效力于公共事业！为爱努力！慎言，自制，任何事都要努力！不口不择言，也不作恶多端。为了做好事而战胜软弱和耻辱。所做、所说都是必需的、善良的——以爱为根基的事。任何微不足道、不显眼的举动都是爱之树的小种子，但很快便会成长，荫庇全世界。

没必要另辟蹊径去做好事或善良的举动，只要在现时的生活怀揣宗教精神去行应行之事，我们的人生便是善意、充实的人生。

很明显，全部伟大之事都不是在备受瞩目的、高调的、复杂的情况下结束的。雷电交织之时，耕作、建筑、饲养家畜甚至思考这些事都不是无法进行吗？通常来说，伟大真切的事物都是纯粹、谦逊的。

故意展示纯粹的人并非纯粹之人。特意地纯粹是最无聊的技能，最大的别扭。

灵魂的作用

四月二十四日

幸福的人抛弃通常对人类起作用的动机和原因，决定信任自己。那个人可以用自己代替社会、习俗、法令，使自己可以达到这样一个程度：一个内心的信念对他有这样的力量，这力量对于其他人来说是"钢铁的必要性"，他的灵魂应该是高尚的，意志是坚定的，眼界是清晰的。

爱默生

不管有何事发生，都不能丢失坚强的意志！只要你正确地活着，就不可能发生糟糕的事情。

全部的东西都是模棱两可的、不清晰的、多变的，只有善行是坚不可摧的。

西塞罗

过去，有一位女王丢失了宝石，便贴出这样的公告："如果在三十天内交还宝石，便可获得丰富的赏金。如果三十天以后才交还宝石，就需要被处死。"犹太学者撒姆尔不久就找到了宝石，但却在三十天后才交还出来。"你的居住地在国外吗？"女王问他。

"没有，我就在国内。"他答道。"那你是不清楚公告的事情?"
"不，我清楚。""那你为何三十天后才交还宝石呢？你这样不是要
被处死了吗?"撒姆尔说："我畏惧的并非是死亡，而是畏惧神，
所以交还了它。"女王没有惩罚他，也没有对他说一句苛责的话。

人可以把肉体或灵魂当成自己的本质。如果把肉体当成自己的本质，他便不能获得自由；但对于灵魂实体来说，则不会存在和不自由相关的问题。

何为"对神的爱"？那是注入体内的最高创造力的一种拼搏。要让力量发挥作用，人必须先了解它。人由于不知道自己可以创造出最美妙最高之物，便做出了最卑劣最次等之物来。

世界先进思想

我清楚我一定要坚持自我反省；我清楚神知道全部之事，神的法则是永恒的；我也清楚神知晓全部，存在于所有事物之中。神存于万物心间，就像太阳照亮昏暗的房间，而我们也必然要响应神的亮光，就像两种调子一致的乐器发出共鸣之音。

中国经典

当我们思索灵魂实质之时，如果觉得灵魂貌似存于未知世界，或困顿于肉体之内，那么是很难理解灵魂的。但如果觉得灵魂挣脱肉体，那么灵魂的问题也迎刃而解了。

西塞罗

　　人如果可以轻松地把生存的实质从躯体转移到灵魂，他就容易感受到自我的自由。

上帝

四月二十六日

　　所有人都可以意识到神的存在，但了解神却是件非常艰巨的事。

　　高度睿智而且谦逊的人，可以知道自己的限制，却不会想着凌驾它。在某个界限内，他了解关于自身的灵魂和自身的创造者的概念，虽然他可以清晰地掌握这些概念，却不能像圣灵一般去思索；他只能在这些概念之前谦逊地止步，心满意足地站在超越人类尊贵力量之前，并没有掀开帷幕的打算。在这样的界限之内，哲学是有用且必需的，超越界限之内之物，并非人类独有的，那是睿智的人需要逃脱的，也是任何人都无法从学问上去了解的。

　　想要追求高深学问的少部分人并不会止步于这纯粹的了解的论据，他们追求的是抽象之神。……——我相信这样的话："情"通常在驱使着人的理智。

卢梭

　　信奉神是人的天性，就像人是用脚走路那般自然。但这个天性却被一些人歪曲，甚至完全扼杀了。但依据普通的规则，那是永存的，对充实认知能力也是不可缺少的。

利希滕贝格

　　神是否存在，灵魂是否存于躯体内，世界是否被创造出来
的——不管是怎样的答案，都属于解释不了的假设。

帕斯卡

　　宗教由神孕育，但科学却由人孕育。

德歇尔尼

　　存活于神之中，和神共处吧！
　　了解自我心间的神，但不要妄图定义神。

不要诽谤他人

四月二十七日

不好的感觉引起人们的谴责，但很多时候，人们的谴责会导致我们对他们产生不好的感情，我们越是谴责他们，不好的感情就越多。

有种很常见的误解，就是觉得每个人都有特定的类型，换言之，就是把人看作善人、恶人、贤良的人、愚昧的人等。但这不是事实，对某个人而言，我们可以说他大多数时候都是善良的人、贤良的人、激情澎湃的人，或是大多数时候都是邪恶的人、愚昧的人、冷若冰霜的人。但我们不可以说一个人一直都是善良的人、贤良的人；而另一个人一直是邪恶的人、愚蠢的人。用这样的方法来推断人是错误的。

虽然你可以发现旁人的短处，但你不一定可以看到他的某个举动优于你全部的生活，更接近神。如果你不停地责骂他，那你必然犯了重大的错误，因为旁人已经开始落下懊恼的泪水了，你都没有看到；神因他的后悔和懊恼已经宽恕了他，你却仍旧不停止对他的辱骂。

马可·奥勒留

假如有两个互为敌人的人，那双方都有过错。不管给零加上多少个零，结果仍然是零，两个充满敌意的人相遇，出现的仍旧是对抗的状态。

人互相起争执的时候，不管争执的情况多么不一样，定然是争执的两个人都不好。如果只是一方单方犯错，争执也不会开始，火柴是不可能在光滑的镜子上点燃的。

一个走错路的人终将自食恶果，如果我们清楚这一点，就不会怨恨人、责骂人了。

爱比克泰德

在我们发现有人诽谤他人的时候，如果可以及时制止，那么大家就可以和睦相处。

劳作

四月二十八日

　　觉得懒惰是幸福，勤奋是处罚真是奇怪的误解，并且是无利的误解。

　　躯体的劳作有重要的作用，就是可以预防大脑做没有方向的举动，也可以灵活你的大脑。

　　不管宫殿内的肉欲生活怎样吸引人，都是愚昧做作的。一旦快乐变成了一种履行公务，就不会是真实的快乐。想要真实健康的快乐，只能从工作和工作间暂时的休息来获取。

康德

　　肉体劳作不仅不会削弱知性活动的力量，反能增强它、鼓励它。

　　对所有人来说，肉体的劳作既是义务也是幸福。但智慧和遐想力的活动是特别的活动，那只对那些以此为天分的人来说是义务、是幸福。而这种天分只能牺牲某种东西，以此来解释和证明；

学者和艺术家为了完成自身的天职，只能舍弃自身的闲逸和享受。

懒惰应当被关闭在地狱的苦难中，但事实却不是如此，它一直置身于享乐当中。

孟德斯鸠

不管如何微小的劳作，只要付出劳动，一个人的灵魂就可以得到安宁。不劳作的可怜虫肯定会被质疑、哀伤、懊悔、愤恨、自暴自弃等魔鬼侵入。人如果奋不顾身地投身于自己的工作，这些恶魔便无法入侵，只能在远处冲他怒吼。这时，他才算一个真正的人。

卡莱尔

劳作是人的需求，当它被掠夺时，人就会懊恼。但劳作并非道德，把劳作当成功劳或道德是一种畸形，就像把吃食物当成功劳或道德一般。

想要让灵魂保持优异的状态，劳作是最好的方式，但不能让自己太劳累，不能勉强。懒惰会毁坏灵魂的优异状态，有时候也会被极度疲劳而摧毁。

疾病利于人醒悟

四月二十九日

不管是健康的人，还是患病的人，都可以完成自身的职责。

如果人相信生命的永恒，那全部的疾病都可以当成两种生活转换的条件——这种转换宁可说成人类的企盼。这样我们承受疾病的苦痛就会像承受劳作的苦痛一般；我们可以承受劳作的苦痛，是因为我们清楚会产生好的结果。遭逢疾病的时刻，也是我们掌握真理的时刻，也是我们该迎接改变的时刻。

普通人都觉得只有健康的人才可以侍奉神，才能服务于他人，其实不是，并且事实是相反的。基督对人和神极大的贡献，是他置身于十字架上，即将死亡的时候，却选择宽恕置他于死地的人。

所有生病的人都可以效仿这个做法，所以，我们无法判断，是健康的状态还是患病的状态适合对神和众人做贡献。

人已经意识到死亡的思索胜于任何时刻的思索，它更利于人的道德生活。错误的医术并非以减轻苦痛为目标，而是以人暂且生存为目的，并让人怀抱期待，抛弃对死亡的思索；这样的做法等于掠夺了人在品德生活上最关键的醒悟。

为了自身，为了个体的利益，必须身体健康；但为了献身于神，则不一定有此必要，有时情况还是相反的。

我们照料病患的时候，通常都会忘记病患的真正所需。事实上，对病患隐瞒将死的事实并不是最重要的，唤醒病患认清让自己日益成熟的灵性才是关键——这和衰亡没有联系。

大多数情况下，疾病都会消耗人肉体的力量，而让精神力量不受束缚。对那些把注意力集中到精神范畴的人来说，疾病并不会掠夺人的幸福，反而会增强人的幸福。

生存的价值

四月三十日

我们存于世，必须要清楚我们为何而活，这是人生一定要搞清楚的意义，况且，已经有前人和现代的人弄明白了。但是还有许多自以为是的人沉醉于自己架设的海市蜃楼中，并以此为豪；在他们看来，人生毫无意义。

世上存在两种相对的人生观：

有人说："我觉得自己（由双亲生下的物体）还有全部存活于我四周的其他物体都存于我的探寻和钻研内的限定条件下。我钻研自我和自我之外的物体，还有让全部东西生存的各种条件，并依靠这样的钻研来奠定自己的生活。"

"我也用同样的方法来钻研起源的问题，从考察和阅历中获取学问。但我觉得我无法回答世界从何而来，为什么而存在，我为何生在其中等问题，因为我们不能获取到精确而充足的依据来解释这些问题。所以我并不承认神（我的创造者）是存在的，神为了某种目标而断定我的生活法则诸如此类的答案，因为它们并不能充分解答形形色色的生活现象产生的原因或条件，还有各种问题的正确性和实质性。"——持有这种观念的人是信奉不可知论的人，他们只相信自己的考察和考察所得，并不相信其他方法可以获取学问，即使他们的观点并不正确，但却有合理之处。

还有一种信奉神的基督教徒说："由于我认可自身存在的合理性，所以我才意识到自身的存在。既然我认可自身存在的合理性，我也必须承认自己以外的所有物体存在的合理性。为了存在合理，一定要具备某种目的性；而这个目的肯定要在我之外，即一定要存在于应有尽有的'大实在'中；这大实在是真实存在的，所以我的生活必定要去完成它的规则。"

"但这个要求我们完成它的规则的大实在到底是什么东西呢？我们心中什么时候拥有合理性生活，又是怎样存于空间相异的其他物体之中呢？又或是，神为何物？神通过怎样的方法创造了这个世界？世界是神创立的吗？精神从什么时候开始存于我中间？精神向着怎样的方向前进？怎样存于其他事物中间？它从什么地方来？走到什么地方去？它存于肉体的哪个部分？……我无法回答这些问题，因为我清楚，在我探索和钻研的领域，我不可能获取最佳的答案，所有答案都隐秘在无穷的时间和空间中。所以，我是不会承认站在科学角度来解释世界如何开始，灵魂如何开始，于人脑哪部分发现的这些问题。"

在第一种情况下，不可知论者觉得自己的存在只是动物性的存在，只会承认可以感觉到的东西，对精神的起源是持否定态度的，认为自己的存在毫无意义（这是违背真理的要求）。

在第二种情况下，基督徒觉得自己的存在是合理的，他们只会相信符合情理的东西；基督徒把外在经历所赐予的现实性当成虚幻的错误，并不相信它们的存在。

两种说法都有其正确性，但两者又是完全不同的：依据第一个观点，觉得世界上全部事物都是科学的，具有逻辑性的，合理的，但却把人和世界的生活当成特例，觉着它们毫无意义。所以，如果运用这种世界观虽然会常常迸发出新奇有趣的想法，但却产生不了任何可以指引人生的必须物。如果运用第二种世界观，那么人的生存和世界的活动都具有其意义，每个人都可以因此抵达纯粹的生活；并且本分的科学研究的可能性也不会遭受损坏。

"认识"是可以带领我们了解人生的，并且随时都可以看到它的真实面貌。那种人生是隐秘的想法是不正确的。

人生的真实目标是认识永恒的人生。

虽然人不能知道自己为何而活，但他必须清楚自己生活下去的方式。

虽然大工厂里的工人不知为何要做手中的事情，但优秀的工人都懂得做好手中的事的方法。

我们可以发现两种世界观：某些人是从感觉、自身的方面来看待人生，觉得世界是为他们建设而成的，神是人需要之时才会被想出来的，他们还会为不值得一提的烦恼和死亡烦乱不安。还有一些人的世界观恰好相反，他们从精神层面来看待人生；依据这种看法，人的存活是为了世界和神；即便人将死亡，也明显地被当成世界的生活所需，是遵循神意的。依据第二种世界观，我们的降生，我们苦难的生存、伤痛的死亡都是有其作用的；世界的建造也是合理的，有目标的。但第一种世界观却觉得全部都毫无意义且啼笑皆非。

两种世界观的路虽不一样，却都在朝着真理、同一个目标走去。有第一种想法的人是不愿臣服于他人的，所以不停地斗争，经常面对失败、疲惫、哀伤、病患，让人生满是悲痛，但他终究还需臣服于宇宙的力量，或是，终究还是要臣服于神的规则和想法，就像被套上枷锁的奴隶一般；他们负担着沉重的痛苦，极少感到幸福。如依据第二种看法，则是人清醒地朝真理走去，是当作天父之子迈过全部悲痛的遭遇；虽然痛楚或是不自然的，但人生的兴奋、人生的愉悦都是既踏实又自然的。

布 加

所有的存在物都具备一种可以为自己指引自己所处位置的能力。对人来说，理智便是这种能力。

如果你所处的位置和职责不能通过理智获得，那不能怨愤世界的组织错误，而应当怪罪你的理智本身和它给你所指的错误之路。

五月

生 命 的 善 行

——托尔斯泰陪你走过春夏秋冬——

尊贵的准则

五月一日

对那些认识"至高无上的准则"并渐渐在实现它的人来说，一切事物都是无所畏惧的。

阿布·加尼哈福在巴格达的牢狱里死了。他因为否认卡达的教规而被杀死。这位出名的老师曾受到鞭刑，他告诉鞭打他的人："原本我可以羞辱那些羞辱我的人，但我没有这样做；我可以向国王揭发你，但我没有这样做；我可以把你加诸我身的羞辱依靠祈愿告诉神的，但我没有这样做。审判日来临的时候，我可以站在高处呼唤神而复仇，虽然这天即将到来，我的祈愿可以传到神的耳中，但我仍会把你带到天堂。"

波斯的德黑贝罗特

不要觉得仅靠胆量和力气就会成为男子汉大丈夫，克制怒气，原谅他人的人才算得上真正的勇士。

波斯的德黑贝罗特

严格要求自己吧，但一定不能丢失信心。

对于那些必须做的事却不付诸行动的人，就是胆怯之人。

（这句话的原文：见义不为，无勇也。）

孔子

人世最大的悲哀是害怕悲哀。

科克

假如有人羞辱我，那是对方的事情；是他的特性，他的品格让他变成这样。我也有自我的特性，我的品格，或是说我的品性；我的品性影响着我的所作所为。

马可·奥勒留

"不管怎样都不要灰心，勿要为昨天的事情哀叹。"圣人这样教导我们。的确是，做你应该做的事情，像天空中的星星一般，孜孜不倦，从容不迫。

加兹迪

你把生活寄托在躯体之上，越是这样，你所畏惧之事便越多。让你的生活思想指引精神范畴吧，这样一切畏惧都会消失。

真理

五月
二日

人不赞同真理，那是因为他们反感于暗示真理的方式，他觉得这种暗示是在羞辱自己。

人和人之间的争论，就像决堤之水一般。决堤的水，难以阻挡。

《塔木德》

引发争吵并不是难事，消除它却并非易事，就像熄灭大火一般困难。

《塔木德》

当我们和他人发生争论并开始怒气冲冲的时候，我们只是在为自己而争论，并非为了维护真谛。

卡莱尔

我无法质疑我以外的其他人具有的各种思想，我必须相信他们也一样优异、善于决策。要不然，我期望自己的论文为自己寻觅知音的做法不过是枉然。同样，如果我觉得我之外的人没有具备各种情感，我就不可能期望作用于他们道德上的情感，或是说我必须相信他们依旧具备某种善心，要不然，不管我怎样写关于罪恶的篇章，怎样歌颂道德，都无法激起他们对罪恶的怨恨，和唤醒他们道德上的觉悟。

康德

争论的时候一定要尽可能保持语调平和，但论据充分。关键的事情是要让对方心悦诚服，并非惹恼对方或羞辱对方。

潘恩

为了让真理获取成功，关键的是推崇真理的人保持镇定。通常来说，真理的懊恼并非反对者的攻击，而是支持者的激情。

科克

不管说话的人多么睿智，你都要带上你的学问去聆听；亲热的回答可以摒弃邪恶，轻视的回答则会惹恼对方。

如果有人应当被赞赏，一定不要吝啬对他的赞赏，要不然就会掠夺了他应有的鼓励和赞赏，而让他脱离现有的道路。不仅这样，你自己也会因而失掉支付他的辛劳所应得的酬劳的权利。

罗斯金

　　如果真理在你手中，或者你自以为手持真谛，不管怎样都以最简单的方式来表达你的真谛吧！关键的是不要报复对方的建议，你温和地表达自己的建议即可。

职责和幸福

五月三日

不管大家如何处理自己的职责和幸福，科学都必然是对人的职责和幸福的探索，而艺术肯定是这种探索的呈现。

贤良的人为了探求学问而学习，愚昧的人只会为了被世人所知而学习。

东方金言

当前我们称为科学或艺术之物，都是空泛的学问和感情的生产物。那只是以发泄或戏弄这种空泛的学问与感情为目标，当代的科学和艺术对大众来说是无法理解的，它们不能给大众任何东西，因为它们没有考虑到大众的幸福。

只要自己的能力和环境容许，人生活的目标都是为了自身或旁人的幸福。在这种情形下，为了早日实现目标，人会运用古人的总结；他也因此而学习。如果摒弃这个目的，那么学习只是单纯在重复前人做过的事，这样得出的知识是最低等的知识；这样的人也算不上真正的学者，就像图书目录算不上文章一样。

我们并非了解事件就可以；我们的职责一定和古人为我们而做的那样，我们也要为我们的后代而努力。但我们没有必要为了研究古人的历史耗费毕生的精力。和古人一致的思想，除非有新的表现形式，不然重复那样的思想不会有好处。但如果是你自己思索的结果，即便你发觉古人已经发现过，那对你而言还是非常重要的。

利希滕贝格

道德的完善，最关键的是纯净我们的精神；但要获取精神的纯洁，只能在灵魂处寻求真谛，并且意志力倾向于神圣之地的时候才能得到。换言之，这一切和一个人是否具备智慧密切相关。

孔子

如果有人问你怎样接触预言家，你可以做出这样的回答：所有的预言家，肯定可以给我和灵魂相关的学问。

如果一个人是为了自己去学习，那这将对他有利。但这个人是为了显摆学者的身份，向他人炫耀自己，那么这个人即使学问再深，他所拥有的学问都是无利的，甚至是祸害。

中国金言

迷信自己比沉迷于知识更能靠近真理。

梭罗

　　所有的人都拥有相同的人生目标，那就是抵达完美境地。所以，只有把我们引向这个目标的知识才是必需的。

思维的作用

五月四日

用语言来表示的全部思想都是振聋发聩的，它的影响是深远的。

在特殊的情况下，或短暂之时，我们的思维或情感或许会孤寂，但我们全部的思维和情感肯定会在人类中找到共鸣——或者已经找到，或者将会找到。对于那些把大多数人当成自己的引导者或启发者的人来说，这种共鸣是响亮的，并具有特别的作用。

任何人的思维对别人都会有影响，差别只在于影响的程度。只要是人真诚的表现或自我信心的传达，不管怎样肯定会有益于某个人或某个事物——即便那不为人所知，或有人封住你的嘴，或给你的脖子套上绳索也没关系。人所说之言都具备深远的影响，就像所有的运动总是依赖各式各样的形式的转换而继续存在着。

卢梭

发自本心的良好的言行，和优秀的案例一样有利。

塞内加

你有的思维或你一贯的行为终将成为你向善或向恶的力量。

露西·马洛丽

简单传达的铿锵有力的思想，对改善生活贡献非常大。

西塞罗

年少和天真烂漫都属于神圣之物。父母是栽种的人，父母可以把语言的果实栽种到儿童内心，这是一项神圣的任务；而且在完成这项任务的时候，他们通常都怀有虔诚的宗教情怀，因为父母的效命对象是神的王国。所有栽种的任务都是神奇的工作——不管种子落在何处，是大地之上还是人的灵魂深处。所有人都像农夫一般。一个人可以清晰地意识到自身的职责，那么他一定能好好耕作生活，并四处撒播善意的种子。这样的职责是崇高的，并且言语是它的重要工具。

我们总是遗忘言语是撒播下的种子，也是启迪。在适当的时刻，其结出的果实是不可估量的；言语包含的含义非常深切。但是，因为我们是躯体的存在物，所以我们常常很迟钝。路边的石头或树木呈现于我们眼内，生活的外观出现在我们眼里，我们看到了物质方面的所有东西，但我们丝毫没有发现肉眼观察不到的思想的积累，虽然它存于空间之内，而且在我们身旁不停扇动羽翼。

卢梭

人孕育出来的思想，因为人性格的差异性而导致不同的结果，一种是受咒骂，一种是被祝福。

露西·马洛丽

言语传达出来的真谛是人类生活最有力的力量。我们没有察觉到这股力量，那是因为它的成果并不会立竿见影。

运用他人优秀的思想吧。如果你自身无法孕育出优秀的思想来答谢，至少你不要再宣传自身的或他人的错误思想。

教学和宗教

五月五日

教学也是人生的宗旨和职责的解释。

人们认为在法庭上撒谎是一种犯罪，与平等的人交往时说谎话是不高尚的行为，但与孩子们说话的废话和所有的谎言不仅没有错，但几乎是必要的。很显然，与孩子交谈似乎也要特别小心，小心老人跟他们说的。

如果用来解答人生的宗旨和职责的宗教教条，是几千年前古人所提出问题的答案，那么现代人已经不满足于这个答案。但这竟是我们最先教会孩子的东西——这个错误多么严重。

教导孩子最有效的方式是让他们学会"不懂为不懂"。

我是想说，我们不必用惯用的方法给孩子们示意；封建的全部虚幻都是有依据的。孩子们惯于接受模棱两可的、疑信参半的东西，便会错把不懂当成懂得了。

利希滕贝格

小时候的我们被过早传授过量的模糊的学问，长大后的我们才发现那毫无用处。那些每件事都有理有据的人终将会变成对自己年幼之时的错误的狡辩者。

康德

不管康德还是利希滕贝格，他们所思索的事情都是相同的。他们都觉得应该教会孩子们那些他们可以理解的事物；这些事物不必等他们成熟时再做额外的解释。

我们必须做正直的人，对孩子更要刚正不阿。一定要完成允诺给孩子的事情。不然我们相当于教会他们狡猾。

《塔木德》

当代多数人教导孩子的时候，过度地雕琢孩子，这不是有害的事情吗？我们必须对这个问题进行深刻的检讨。如果有人赞成这种事情，那么我相信他一定是个不了解人性的人。如果当代的教育家们达成自身的目标了，如果他们随心所欲地教导孩子们了，我可以断言这世界不会再出现一位真正伟大的人了，因为我们不能把人生最关键的事物传授给任何人。在普通的学校里，多数孩子得到的并非真正的教育，他们沉溺于无趣的游戏；学校不仅没有培育他们的宗教认识，还让他们与此各走各路；但多数人都没有发现其中的不当之处。人类的老师应该是整个自然界；我们不能让那些自以为是的教授们操纵我们。

　　勿要把你完全质疑或怀疑之事传授给孩子们，特别是把它们当成真谛传授给他们，那是极其恶劣的行为。

素食主义

五月六日

对我们来说，对动物的同情是如此自然，我们可能通过习惯、传统、暗示让我们对动物的痛苦和死亡感到不忍。

对动物的同情与善良的性格如此的紧密相连，可以确信地肯定，残忍对待动物的人不可能是好人。同情动物源于对人的友好态度。因为，比如说，当提醒一个人，他在心情不好，愤怒，酒后头脑发热的状态下，打了他的狗、马、猴子，他很敏感——这不应该，或徒劳，或太痛苦，他会感到同样的不满，因为在提醒人所犯的错，在这种情况下，我们称之为良心的惩罚声音。

叔本华

获取肉食不可能不伤害动物，而杀害动物很难走上幸福的道路。因此，让人放弃吃肉。

婆罗门法

不允许自己的孩子杀害昆虫：杀人由此开始。

毕达哥拉斯

那些因怜悯和同情动物的感觉给人带来的乐趣，加倍弥补了人因拒绝狩猎和吃肉失去的乐趣。

从内心追求美好

五月七日

不管是对现在还是将来，想要于自身以外的地方去追求美好的人都是错误的。

我为追求引领自我的光芒而在这世界上四处漂泊，我夜以继日地到处寻找。我最终听到了带给我真谛启示的教导，而它就在我内心深处——我所追求的光芒实际上就在我的心里。

波斯的苏非

救赎我们的是自己，消灭我们的同样是自己。所有外在的事物都不可能独自变成一个人行恶的理由。如果一个人可以坚守自我生存的规则而存活，那就算是物质世界消失了，外在世界消失了，所有的恶都不可能困扰他。

露西·马洛丽

将教导他们视为天职者如果选择了内心（也就是与生命隔开距离），从而使教义丢失其本质的能力并显现出无助时，就会带来以下的后果：浅显的信仰习俗就会变得庞大而杂乱，而且会通过外在之信仰去取代真正的行善，使人认为能够不必遵守真理的规则，使人只记住虚幻的生命现实。用这样可怜的教导来支撑的世界将会变成一种虚假的良心。

普通人总会特别热衷于信奉虚假的信仰，对最伟大的职责却予以忽略，甚至对其进行羞辱，致使生活沉沦于腐朽惰怠。他们虽然会在进餐前洗手，也清洗餐具，可却任由灵魂沉于泥淖之中。在抛开了灵魂之后就会发生众多邪恶，基督就曾经历数过他们的邪恶，他站在与那些人相对的立场上说："回到你的灵魂里去吧，从而将所有的邪恶都连根消除。那些外在之物并不重要，善、恶皆在个人的内心之中。"这就是基督的教导。信奉其他教导，但不遵守这一教导的人绝不是基督的弟子，这样的人只是假冒基督之名欺骗了世界。"小心那身披羊皮，内在却怀有狼心的人靠近你。"基督不就如此说过吗？那些人便是冒充的虚假预言家。基督还曾经说过："只于口中不断诵念主啊，主啊，内心却不想远离恶的人，是肯定不会进入天国的。"

拉梅内

命运里是不存在偶然的，人的运道都是由自己创造的，而不是等候运道。

阿贝尔·弗朗索瓦·维尔曼

你幸不幸福不是财富来决定的，幸不幸福在你的灵魂中。

并不是不施正义就不是善良之人，不善良的人是丝毫没有施以正义之心的。

圣人不管在哪个国度都会觉得与在自己家中一样，对一颗尊贵的灵魂来说，全宇宙都是高贵灵魂的家园。

姆鲁克

想要由自我尽力之外的地方去追求救赎与美好，最能将人的
能力减弱。

谦虚

谦虚可以唤醒爱，与善良相随的谦虚最能够打动人，但这是需要自己去寻求的。

以色列国王阿法夫责备跟在自己身后的人道："假如你有对我不满的话要讲，就在没进城之前说出来吧，不然被别人听到了，你会受到攻击的。"

埃及智慧

在一个冬天，佛兰西斯与他的弟弟雷夫由贝鲁莎一道走去波鲁。天气极为寒冷，两个人冻得瑟瑟发抖。佛兰西斯将走在自己前面的弟弟叫住说："雷夫，但愿我们可以在全世界彰显出伟大的人生榜样，只是不要忘记真正的欢喜并不在这里面。"

刚走了几步，佛兰西斯再次将弟弟叫住说："雷夫，我们还要记得，哪怕我们为人治病，将恶魔赶走，使盲人重见光明，让死去的人重新生还，但真正的欢喜仍旧不在这里面。"

兄弟二人接着朝前走，佛兰西斯一边走一边又对弟弟说："雷夫，我们还需要牢记，哪怕我们知道一切的语言、科学或者文章，哪怕我们不仅能对未来进行预测，还会了解良心与内心的机密，真正的欢喜依旧不在这里面。"

他们继续走了没多远，佛兰西斯接着说："如同上帝的羔羊一样温顺的雷夫呀，哪怕我们听懂了天使所讲的语言，明白了地球转动的规律，哪怕全世界的财富都放在我们跟前，而且我们也懂得飞鸟、河鱼或者一切动物，以及人类、草木、石块和流水的机密，也不要忘记真正的欢喜依旧不在这里面。"

两个人接着向前走了一会儿，佛兰西斯又将雷夫叫住了。他说："我们要牢记，哪怕因为我们对教义的传播让所有异教徒都开始信奉基督，这里面依旧没有真正的欢喜。"

此时雷夫才回问佛兰西斯说："既然如此，佛兰西斯，哪里才会有真正的欢喜呢？"

佛兰西斯回答说："如果在我们到达了波鲁之后全身泥渍，身体因为寒冷而麻木，因为饥饿而困倦，不管怎么去哀求看门人让我们过去，他都不答应，还会这样告诉我们：'你们在人间四处漂泊，做着掩耳盗铃的事情，甚至还要骗取贫困者的怜悯。现在你们立刻从这里滚开！'——哪怕我们遭遇这样的事情，依旧保持平和，依旧坚持爱与谦逊，将看门人的态度当成是上帝故意让他这样做的暗示，我们丝毫没有怨怼地忍耐寒冷、饥饿，在冰雪与泥淖之中等候至天亮——雷夫呀，大概在这样的时刻我们才会拥有真正的欢喜吧。"

大海之所以可以变成百川之首接纳百川之流水，是因为大海更了解自己身处低位的立场。

同理，伟人如果想要站在所有人之上，说话就一定要谦逊；如果想要统率所有人，就一定要处处谦让。

因此，伟人虽然居于高位，但对百姓并不会形成负累；他虽然站于所有人的最前方，但不会对所有人形成威胁，所以全世界人民都乐意去拥护他而不讨厌他。因为伟人不会与所有人争执，所以所有人都争不过他。

（这句话的原文：江海所以能为百谷王者，以其善下之，故能为百谷王。是以圣人欲上民，必以言下之；欲先民，必以身后之。是以圣人处上而民不重；处前而民不害。是以天下乐推而不厌。以其不争，故天下莫能与之争。）

老子

有人这样说伟人："人们都觉得你是个恶人。"伟人却这样说："感谢人们对我全部的内在还不了解，不然他们会对我给出更加严格的批判。"

避免对自己进行审判吧，特别要避免与他人进行对比。你只需要将自我拿出，然后与"完美"进行对比。

努力

五月九日

人生是不间断的变化，也就是肉体生命慢慢衰弱、精神生命慢慢变强的变化。

与自我进行战争，在内心深处进行争战，肯定是过去我们犯过错所导致的。但这样的战争，这样的战争之基础的依据却是爱，是规则。当母亲从野兽口中将自己的孩子抢出来时，孩子肯定会感觉到疼痛，但这种疼痛并不是因为母亲的抢救而造成的，而是那对他进行袭击的野兽带来的。在人们的猜疑与信赖的争执里也会产生一样的关系，信赖好比母亲，她将我们的灵魂从猜疑中拉出来，在这样的争战之中感受到莫大的痛苦是肯定的，也就是因为这痛苦我们才能获得满足。如果上帝不曾将这样自我争战的能力赐予我们，我们会变得特别卑劣。失去了争战，依赖是没办法从我们心底产生的。

帕斯卡

伴随着光芒照进我们的内心，我们可以看到自己实际上比过去所自以为了解的更加恶劣，我们会对自己过去的盲目惊讶不已，我们可以看到心灵深处曾出现的众多不耻情感。我们无法想象自我内在会躲藏着这些东西，我们将会心存恐惧地来看待这些。但我们没必要惊讶，也不用失望，我们现在已经不像过去那样糟糕了。

费内隆

活到老学到老，不要期望老年能够自然而然地带来智慧。

梭罗

对我们来说，清除以下的蠢笨思想是极有必要的，这就是指，不要觉得上帝会因为时间的变化而对我们的过错进行指正。我们只有借助对自然规则的认知与遵守，慢慢去修正自我过错。在我们烧菜烧不好时，我们能期望上帝为我们做出佳肴吗？同理，如果我们一直过着蠢笨、不正确的生活，我们也不能期待上帝来为我们指导，将一切进行扭转，使我们向着合理的方向行走。

道德总是保持前进模式的，并且经常会更新。

康德

鸽子的善良并不是道德，而且我们也没办法认为鸽子要比狼更加道德。在理智的活动开始后，道德才会出现。

鸽子的善良不是美德。鸽子不比狼更高尚：美德和它的程度只始于努力开始的时候。

　　假如那样更符合神意，神早就将整个人类融合成一个大的组织了，可神却一直在对我们进行磨炼。

　　不管在哪里，我们都应该竭尽全力行善，这样总有一天，神会把我们融合为一个整体的。

　　在对自我进行完成的道路上坚决不可以停步。你一定要理解，在你对外面的世界比对自我内心世界更充满趣味时，你的脚步便是停止的；这也就说明，这个时候世界在你的身边经过，而你却站在原地不动。

唯有灵魂上的东西才是真实存在的，物质方面的东西都不过是虚幻的。

我们对自我精神和肉体的满足是没办法兼顾的。假如你想要外在的满足，那就杜绝精神吧。如果你想坚守并培养自己的精神，那就丢弃外在的满足吧。不然你会不断纠结，最终一样都得不到。

在你为了外在事物而苦恼，生活轨迹偏离的时候，你应该想到总有一天自己会死去的事实。这样，之前使你自认为特别悲惨的事，或者使你情绪冲动的事，便再不可能令你不安了，所有的事你都可以坦然接受了。

爱比克泰德

假如有人觉得自己的手能感知到的事物才可称为真正的存在，那他就依然是个极为愚蠢的人。

柏拉图

人可以拥有两种截然不同的生活：也就是真实的（精神）生

活，以及虚假的、虚幻的（世俗）生活。所谓精神的生活是指人早已脱离外在的生活印象，可以通过所有事物看到它的渡口、沿岸，即可以看到神的存在；并且会竭力将神赐予的能力用到工作中去，绝对不让它被掩埋于地下，同时明白人生之意义绝不只是为了自我满足。

果戈理

职责鞭策我们去感受外在世界的现实性质，使我们介入它的内部生活，但与此同时又让我们与它远离。

卢梭

唯有那些看不见、摸不着的灵魂上的东西才是真实存在的，即为我们心灵深处可以感知的东西。那一切可以看到、摸到的东西皆为我们感觉到的东西，所以它只是表面存在的东西。

对于教诲可从两方面看待：一方面为外在的，一方面为内在的。对外在的多加留意吧，它是将人向奴隶引导的教诲。被外在欲望把控的人，是画地为牢的人，将内在生活遗忘，只用器官感受生活之人是悲惨的。不管个人还是国家所有的百姓，如果全部沉浸于外在生活的乐趣之中，饮食这种生活的营养，那么生活就过得无异于蝼蚁。唯有内在方面的教诲可以带给我们自由，让我们过真正的生活，唯有这样的教诲才可以救赎我们，让我们死而复生。

如果一个人想死而复生，想从满是腐朽与白骨的陈旧世界的坟茔中抽身，那就去倾听内在的引导吧！这样的引导来自哪里没有人知道，因为谁也看不到它的存在，于纷繁之中我们也听不到它，于人们为讨论乏味事件而开展的聚会中依旧听不到它；它如同野外的呼吸，虽然人们都不知道它从何而来，但它却是分明存在的。而且，我们连这样的引导将去向哪里也不知道，今天觉得它会在这里，却在明天发现它存在于另外的地方。但善于倾听的人还有将灵魂准备好的人，不管在哪里都可以发现它的存在，只是它会将愿意接受它引领的人带去什么地方却无人可知。

拉梅内

其实唯有一个可研究的对象，它就是灵魂——有关灵魂的各种情形与变化。除此以外的其他对象，除此以外的其他研究都不过是与它连接的枝杈而已。

卢梭

我能够将自己的想法传播于所有人，如果在这些想法里包括有爱与智慧等类似于神的能量，那用它漂洋过海传播于整个世界是不成问题的。我的想法来自我灵魂方面的一部分，所以它可以在同一时间里到达不同的地方；相反，我外在的肉体却只能在同一时间只停留在一个地方。

露西·马洛丽

自然是不讲究正义的，如果我们来自自然的创造，那我们为何会对自然不讲究正义而心生怨怼呢？为何结果会对原因产生叛逆呢？这样的叛逆只是幼稚的虚荣心理所造成的吗？错，它是我们心灵最深处所发出的呐喊，我们的心灵深处觉得自己与自然是相互独立的，所以我们随时随地都在追求正义。世界也许有灭亡的时候，而善行却会一直存在，不义却没办法永恒，这才应该是所有人的信仰，灵魂不是依赖自然（外在世界）而产生的。

卢梭

　　我们通常觉得最清晰的、最易于理解的、最为现实的东西都是应该归属于肉体的，是能够通过我们的感觉得知存在的。可实际上那却是最不清晰的、最无法理解的、最相互冲突的、最不现实的东西。

完美境界

五月十一日

完美离我们那么远，无论我们的生活有多么不同，对我们所有人来说，我们与完美的距离都是一样的。

假如一个人没有对理想境界的遐想能力，他就会只满足于眼前的东西，从而失去与现实的抗争。同时，现实对他来说，就等同于真理、满足以及美好。这种人是不可能成长的，也不会拥有真正的人生。

卢梭

不管是个人还是国家，迈向理想境界的促进力并不是了解"存在"的东西，而应该是对"可能存在的东西"的思考。

马蒂诺

人们说，"人很弱，应该根据力量给予任务"。这就像是说：我的手很弱，我不能画一条两点之间距离最短的线；所以我当想要画一条直线，为了让自己轻松时，将曲线或折线作为例子。

我需要的例子越完美，我的手越弱。

"做得如同上帝一样美好吧！"

像上帝一样美好（善良最高境界的美好）是任何人都要竭力达成的完美。

基督教对于"完成"的教导就是引领人们走向完美的境界。

对于刚离开岸边的航行者，我们可以让他根据能够看到的山峦、海域和沿岸航行。可是对于已经远离岸边的航行者，能够引导他的就只有彼岸无际的天体和指引方向的罗盘了。

不管人怎样沦落，他都有机会看到自己能够达到的完美境界。

离别

生命危害性最大的错误就是人们总忘了肉体正在逐步接近死亡。越是年轻人，产生的这种错误就越大。

我们的生命长约七十年，最为长寿的也就是八十年，在这个过程中最美好的时段应是工作和生病的时候。因为工作和生病时时间过得最快，同时也是我们最容易发生变化的时刻。

在我们的身体和大脑都充分健康的时候，心思多会用在与他人烦琐的关系或者无足轻重的事上，有关上帝的事则抛于脑后。我们好像总要在失去健康与思考能力之时才会想到上帝——而且那好像也只是一种礼貌与习惯的行为。

拉布吕耶尔

想想那些手脚被上了锁链的人，他们都是被判处死刑的。他们中每天都有人在别人眼前死亡，活着的人一边看着受刑者和等候受刑，一边对自己的命运进行注释。

帕斯卡

五 月 | 103

我们经常看到身居要职的人突然死去，也看到他人慢慢变得衰弱，最终死去。可我们对这样恐怖的事熟视无睹，普通人对他的关注不会超过对花朵凋谢的关注。人们关注的是自己怎样去占有那空出来的位置，或者那空了的位置将由谁来占领。

拉布吕耶尔

人在降临于这个世界时是握着拳头的，这好像是说："这个世界是我的。"而在人们死去的时候是张开双手的，好像在说："看看吧，我什么都带不走。"

《塔木德》

我们都向着一个深潭迈进，只是眼前因为有遮挡物所以看不清那深潭。

帕斯卡

根据下面的思想去生活吧：我们必须要立刻与他人离别了，我们所剩的时间都是意料之外的奖赏呀！

马可·奥勒留

你的一生是无穷时间中极为短促的一小段，所以你要留心关注，用尽这短促的一生去干自己应该干和可以干的事。

塞德·巴·哈美多

请牢记，我们不会一直在此世存活，我们只是在这一世经过。

正确看待生死

五月十三日

关于生死的事必须由每个人亲自去解决。

贤良之人什么事都求诸自己，无知者则什么事都求别人。
（这句话的原文：君子求诸己，小人求诸人。）

孔子

灵魂不会对什么都进行学习，它只不过明白自己每日要明白的事。

加菲尔

贤良之人可以从一切事物中洞察自我必需的动力，因为他天性中的才华便体现在他可以从所有事中将善抽取出来。

罗斯金

政治上的成功、财富的增长、病情的康复、出门亲人的归来此类事件都可以让你内心充满喜悦与欢乐，你会觉得自己所希望的好生活到来了。但请不要这样确信吧，除去你本身之外，所有的事都不可能为你带来平和。

想要通过外在世界来求取生命职责问题的答案徒劳无益，一切具有质疑的问题都可以通过自己的内心去探求，但必须要从内心生出萌芽，不然你依旧找不到答案，同时你一定要让获得的答案在统一的日常中成长，这是变成睿智者的唯一道路。

露西·马洛里

想要寻找同伴之人是悲惨的，因为人只有自己才是自己真正的同伴，对自己之外的同伴进行追求的人便不会成为自己真正的同伴了。

梭罗

在别人那里获得的真谛，就如同将义手、假肢、假牙等装在自己身体上一样。用自己的思想所获取的真谛才是我们自己真正的手脚，也只有如此获得的真谛才会真正称得上是自己的东西。

叔本华

即使从前的圣贤者可以对人们有关"生死"的事进行解答，可对于这类答案的抉择和认知却和接受它的人自身拥有紧密的关系。

如果一个人可以认知内在所拥有的灵性，他就可以回避对人生产生的所有困苦悲惨的恐惧。

我没办法写出灵魂的"历史"，但我可以明白灵魂是拥有灵性的。我不能随便讲出目前的动作和我们内心的各种特质，是不是可以在未来还能回到身体衣着之内。而且，我也不能随便说这一切产生之前，是不是如同我们可见的肉体那样也拥有发展历程。可有一些事我是可以确信的，那就是所有人都不知道这"特质"是从什么时候开始的，它们不会伴随着我们的肉体而一起产生疾病，更不会最终被埋葬在坟地。这些特质在创世之前便已经有了——这一现实让我产生信心、胆量和期望。

没有灵魂不知道的事，任何事都不可能打扰到它。没有什么可以超越灵魂，它一直居住在自己的国度里，它的空间最为广阔，它的时间最为恒久。

爱默生

上帝是生活在人群之中的，可这并不代表所有人都生活在神中，这是人类痛苦的根源。

你担心如果自己随和会受到他人的轻视，可真正的圣人是不会因为你随和而对你有所轻视的。除去圣人之外，其他人对你又算什么呢？不要理会那些人的评判。心灵手巧的木工是不会因为对木工不了解之人没给予他的作品赞美而叹息的。

不要觉得罪恶者会对你进行伤害，难道有谁可以对你的灵魂造成伤害吗？当然不会，那你还为什么而心生烦恼呢？

我对于可能会伤害到我的人都报之一笑，因为我拥有自己的灵魂。我到底是一个什么样的人，我到底将健康与罪恶放在什么地方，他们无从得知。事实上他们并不知道，那些归属于我的或者我人生的源头都是他们所无法触及的。

爱比克泰德

世界上一切东西都归我所有，一切的发明与损毁皆因自我意念而产生。世界不过是一个外壳，我才是内在核心。如此的我为什么还要害怕尘埃最终归于尘埃的事实呢？我从来不是尘埃，我最应该做的事就是遵从神的旨意，过这一世的人生。

理智可以提问"为何""为什么"这样的问题，爱却站于上帝的位置看待所有的一切。

波斯金言

　　不用对所有人所有事心存恐惧，自我内心最为珍贵的东西是不可能被他人他事进行毁坏的。

真相

诚实不是美德，而是没有恶习的象征。

讥笑是不可能伤害到真谛的，但真谛的生长却会因为讥笑而产生停滞。

露西·马洛丽

朝错误行进的路有上千条之多，而朝真谛行进之路唯有一条。

普通人撒谎的初衷并不是对他人进行欺骗，而只是想要骗自己，这样的谎言是无益的。

卢梭

所有的虚假都会因为自身而被编造出其他的虚假来。

莱辛

说实话看起来极为容易，可为了真谛的达成，则必须要有很多内在的行为。

一个人诚信的程度恰恰表现出他于道德方面达成的程度。

我们必须要诚信，这样就会拥有强大和德行的秘籍，这样就会拥有品质的感染力，以及艺术和生命的最高标准。

卢梭

只有一个最显然的真理需要人们完成。

孔子

不能确信没有任何谎言，为此不要杜撰其他别的谎言。

莱辛

觉得偶尔可以回避一下真谛的思想是最常见的一种错误。不管多么小的虚假（不管是内在还是外在），所造成的恶劣性都会比陈明详情而带来的不快或者憎恶糟糕若干倍。

人类的信仰

不管何时，没有信仰的人类都不可能存活。

关于收集蜂蜜是好是坏，收集花蜜的蜜蜂不能有任何疑问。但收割庄稼和水果时，人不能不考虑，他是否破坏庄稼和果树将来的生产，他是否通过这次收割从相邻人家夺走食物。他不能不考虑，他养活的这些孩子将来会怎么样，和许多别的事情。理性的人不能彻底解决生活中最重要的行为活动问题，尤其是他禁不住不看大量行为的结果。任何理性的人如果他不知道这个，那么他觉得生活中的最重要的问题是，他既不能遵循个人的情感动机，也不能依据其行为的直接结果做事，因为他看到的这些结果太不同，往往是矛盾的，也就是，大概，这些不仅对他，而且对其他人而言，都可能是有益或者有害的。

因此，理性的人不能满足于那些指导动物行为的看法。人可以把自己看作是生活在今天的动物中的动物；他可以把自己看作家庭的一员，看作是社会的一员，世世代代生存的人类一员；也许甚至一定应该（因为他的理性不可抗拒地被此吸引）认为自己是无限世界的一部分，无限期生活的一部分。这就是为什么理性的人曾确定并总是确定，除了对生命最亲密现象的态度，自己对时间与空间上都无限的世界的态度，作为一个整体理解它。人类对自己是整体的一部分，并从自己的行为中获取指导的这种确定的态度，被称为宗教。

信仰情感极深的人，因为他不断地探究，会让很多事变得清晰，行为也会因此而有了依据。

信仰情感不足之人只会根据经验或者习俗行事，这在普通人看来却被称为具有信仰者。向前观察之人，会不断看到全新的东西而忽略过去的事，可普通人却将他们看成无宗教信仰者。

最常看到的，便是有人因为不正确的信仰（即迷信）而付出生命的现实（比如格斗、战争、自尽等），可因为真谛而付出生命的人却为数不多。人在为了获得他人称赞而满怀激情之时，哪怕自身信仰是错误的也会让他轻易付出生命，但那种就算不为百姓所包容却同样会因为真谛而死去的行为是极为艰难的。

在舞厅中，我们能够捂住双耳，将自己想象成身居疯人院中。同理，内心失去信仰意念之人，对他人的信仰现实也会具有这样的看法。但是，立于人类规则之外，却总感觉自己比所有人都对的思想真的太可怕了。

卢梭

经常听别人说信仰对于人们的影响已经消失了，事实上这是绝对不可能的。因为他们只看到个别阶级失去了信仰认知，所以才会生出这样的想法来。

　　如果有人陷于悲惨之中，那唯有一个原因，就是他的信仰不足，整个人类也都是这样。

真正的愉悦

五月十七日

按照佛兰西斯（圣芳济）的理论，真正的愉悦来自肉体忍耐失当之诽谤、苦难时所出现的痛苦，以及对这种诽谤和苦难不会滋生的任何仇视。换言之，真正的愉悦只在他人之恶或者自我苦难都没办法影响的绝对的信仰和爱之意念当中。

在你因为做善事而受到诽谤时，不必叹息，反而要愉悦，因为这时的你是非常伟大的。

马可·奥勒留

不要因为不被人知道或者不被人理解而难过，能够做到这样的人才是真正道德高尚之人。

中国金言

在遭受诽谤或者两难时，你要喜悦。在遭遇他人赞美时，你反而要感觉到恐慌。

可以被人当成傻子事实上是善良的象征。

与他人交流时，不要期望他人的赞美或者讨好，相反，（为对自己进行磨炼，消除自己的傲气）应该让自己更易于接受责难、轻视以及与自我相反的看法。

有些行为可能被看作是狂妄的，可对它进行责难与攻击却是错误的，它虽然将他人的卑劣行为唤醒，可实际上它通常是一个人对上帝和他人爱的证明。

灵魂之能量

五月十八日

在一个人感觉到灵魂所拥有的灵性时，就可以得到极大的能量，从而将自我提高至更深远的范畴。

即便一个人通过感官而获得了知识，但如果他不了解事物的真实特性，依旧没办法从中看到好处。拥有对事物的真实认知就是要明白这样一个现实：在这样的事物里存在着真正的本体。

印度经典

不要觉得精神（灵魂）除了对事物之真实本质有所认知之外还具备其他职责，人只要一踏上这条路，就没办法再回头了。

印度经典

人之存在是具备能量的，人如果可以理解自我灵魂的能量，理解想要通过自我外在去追求能量就会失去这能量——那他就会是一个对肉体与灵魂全部进行统御之人，是一个行走于正途而创造奇迹之人。这样的人是一个傲然屹立之人。

爱默生

假如别人问你，为什么你会认识神，你可以这样告诉他：因为神在我的心里。不要用眼睛看待真正的自己，要用心去看。一个不认识自我的人，怎么可能认识神呢？能够对自我真正认知也就相当于认识了神。

波斯金言

人之愉悦来自爱，人之苦难来自悲愤，人之烦恼来自违背正义的行动，人之圆满来自自身的奉献。

罗斯金

感受到自我灵魂之能量，并在这样的感受中生活，就会具有自己所期盼的圆满。

信念之源头

五月十九日

所有信仰的基础都是一致的。

善之法则在每个人的内心，因为我们可以感受到它，便可以顺其自然或者不经意间和他人融合为一体。

人忙于经商、订合同、进行战争、科研、艺术等，但这都是表面所看到的。对于人类而言，最重要的事只有一件，那就是对以生存为依据的道德规则进行确定。确定规则，不但最为重要，还是人类仅有的事务。

人们对一位圣贤提问："为了自我圆满，会不会有一种规则可以一生奉行呢？"
圣贤说："会有，这个规则便是己所不欲，勿施于人。"

中国金言

我们职责的根源就在神中间，我们职责的边界被包括于神的规则之内，慢慢去追寻这些规则并让它适用于人是每个人的职责。

约瑟夫·马志尼

　　当与人们产生矛盾时，想一想互相帮助的规则吧，想一想自己做不到就不要去强求他人的道理吧。不用多长时间，你就会形成习惯的。

内心生活和自由

五月二十日

对一直过着动物生活的人来说，是没有立场对自由进行谈论的；这类人所有的生活都被很多相类似的"理由"所约束。可对那些已经感受到自我是一种内生存在的人来说，则不用去谈论归属与约束；理智、爱或者善良完全不知道什么是约束。

请你牢记，假如你的理智在日常生活中并不仅为肉体服务，那它便能够给你带来自由。被理智所照射、不受情欲之约束的人之内心是极为坚定的堡垒，对人类来说，再没有什么比它更稳定的、脱离罪恶的避风港了。对这件事不清楚的人是茫然的，清楚它却不想走进其中的人是悲惨的。

马可·奥勒留

在物质的世界中其实并没有罪恶，只有在人的世界里才会有恶。但人同样会有对美善的认知，有选取美善的权利。

马可·奥勒留

一个自由者所抱持的心态是：对已经出现的事就由它出现，就好像它原本就是自己所希望的一样，当然，这绝不代表一切事情都会按自己的意愿而出现，比如，接受教育是通过了解文字及语言来表示自我想要表示的事，可是，我们哪怕只需要写出自己的姓名，也必定要对大脑中所出现的大量文字进行选择，我们要从这些字中将自己需要的字选取出来，并按照正常的规律进行书写。

一切事情也都是这样的，假如我只去做自己所想的事，那是完全没办法学到什么知识的，这就说明，一个自由者并不是期盼着事件顺其自然而出现的，相反，要对出现的事情自然接受，学着如何去顺应它。因为所有在人身上所出现的事，都是指引世界之神的旨意。

爱比克泰德

我们明白一切结果都有其原因，我们更明白自我意念是自由的。

利希滕贝格

拥有高尚的道德就是拥有自由的灵魂。总是产生愤怒，总是心生恐惧，总是放纵自我的人绝对不会拥有自由的灵魂。没办法一心一意，没办法对着一件事专心的人，便是熟视无睹、置若罔闻、食不甘味的人。

孔子

　　对自由进行否认的人就好比否认颜色的盲人，他们并不了解人具有自由的范围。

如果想要树立善之决心，那就从行善开始吧。

用美善装饰每一天。

每一天的日子可以这样开始：在你醒来时，所想到的第一件事就是："不知道我今天是不是可以至少使一个人得到愉悦呢？"

尼采

施善是我们的职责。假如我们经常施善，经常看到自我施善的行为表现，最终我们肯定会真正爱那些让自己为之施善的人。"爱他人如自己"这句话并不是指你要先对他人有爱，然后将对其施善看成爱的结果。相反，你一定要对他人施善，然后才会在自己心里燃起对他人的爱。爱是你"朝爱行进"这一行径的成果。

康德

意念之所以宝贵，并不在于它可以做到什么，或者说并不在它可以取得什么样的结果。实际上意念自身便是宝贵的，我们不必用它与别的东西进行对比，我们只要观察意念自身，这种意念自身就会使所有通过它而达成的事更加具有高尚价值。即便因为遭受特殊的意外，或者因为才华不足，而让这种意念失去完全无法达成目标的可能，或者即便完美的意念本身已经尽了所有的能力依旧不能达成一件事，所剩的意念自身（这肯定不会只是一种空虚的期望，而是使用了我们可利用的一切能力范围之内的方法）——哪怕在这样的情形之下，这种意念本身依旧如同钻石一般，它自身的价值便已经巨大，可以闪烁光芒。

康德

在善果尚未成形之前，谁也不知道善是什么样子；没有经常出去施善之时，谁也不会对善产生真实的爱；没有经常施善时，谁也没办法于善中看到安宁。

马蒂诺

经常施善，并因此心存感激。

我们要每天都默默无闻地去为他人施善，为他人的美满而牺牲自我。

罗斯金

你对你自己亲近的人做过坏事，即使坏事不大，那也要认为是如此大的坏事；而你对他做过的大的好事，那也要认为它是很小的事情；别人对你做过的善事再小，也要认为是大的。

《塔木德》

就算我们没办法如同猎手追寻猎物一般去经常锻炼自我追求施善的时机，但也不要因此而错失一切可以施善的时机。

自然的最大变化都是在悄无声息间进行的，是逐渐生长的，不会瞬间产生。

精神生活也是这样。

一切真实的想法——生存的想法，不拥有持续汲取养分、持续变化的形式。但它与云朵的快速变化不一样，而与慢慢生长的树木相同。

罗斯金

从来没有一种圆满是可以在所有时代相贯通的，因为不同时代总有其独特的圆满。

露西·马洛丽

人生一定要转变精神体才行，其肉体活动一定要如同蜡烛变为光与热一般转变为思想、认知、理智、正直与包容。这种最强大的提炼方法认可了我们在这个世界的存在，我们的职责与自尊都被包含其中。

卢梭

对已经孵化成了小鸡的鸡蛋，在打碎时就肯定会危及小鸡的安全。同理，一个人在对另一个人进行解救时，肯定也会对他的内在生活产生危害。灵魂生长到某种状态，它自身就会将束缚自己的锁链切断。

露西·马洛丽

人生是陆续不绝的奇迹，在我们明白了所有事物的生长是什么原理时，也就明白了自然之机密中的最大机密。

露西·马洛丽

对于品德的达成来说，没什么比胜利的思想更无益的了。

很庆幸，品德之完善是在无声无息之中逐渐达成的，人一定要历经长时间的生活之后，才会看到自己的提高。

如果你觉得自己已经达到了完美的地步，你要清楚这种思想是不正确的，你这个时候不是正停滞不前，就是处于退步之中。

禁欲

五月二十三日

我们对不足越是习惯，对失去的恐惧就会变得越少。

克制并不代表精神不足或者精神压迫，也不代表不再施善——比如爱与信念的表达。相反，这是预防人去行恶的能力之表达。

罗斯金

好比用烟雾将蜜蜂赶出蜂巢一样，欲望将上天恩赐的精神礼物赶走了，使心智的达成化为泡影。

瓦西里

我们可以获取自己想要的东西是非常大的满足，但最大的满足却是不去获取没有获取到的东西。

梅纳德姆

飞蛾不理解燃烧的痛苦，所以向灯火扑去，河鱼也因为不理解风险而被钩住。但我们虽然非常理解自己面前张开的是痛楚之网，可依旧不能摆脱物欲之安逸。根据这一点来看，人之蠢笨确实没有底线。

印度谚语

我们的贪欲如同孩子哭闹着问妈妈要东要西，可不管哪一样他都不会知足，我们的贪欲是获得的越多想要的就越多。

什么样的人可称为贤者呢？——是不管从什么事情上都可以获得知识的人。

什么样的人可称为强者呢？——是拥有自控能力的人。

什么样的人可称为富者呢？——是对自己当下懂得满足的人。

《塔木德》

造成人烦恼的根本不是对某样东西的回绝。

人若可以消除"傲慢"，就可以进入更高尚的境界。

印度经典

越快越达不到目标。

没人因为吃得少了而懊悔。

自然的规则是减少数量，幻想的规则才是大量。

比人间王座更为光明的，比天堂还要美好的，比掌控世界还要骄傲的，便是于欲望之中得到解脱的那种伟大愉悦。

　　欲望的膨胀不可以使人迈向成熟，相反，人越对自我欲望进行克制，越能感受到自我灵魂中作为人的自尊。他会变得更加自由，精神也更加强盛，最为重要的是他更能为神与人尽心竭力。

爱

五月二十四日

规则的实现并不是爱，它只存在于对自我认识的人生规则之中。

神与爱并不等同，爱不过是神之表现中的一种。

享受思想最终会将人引向绝望，讲求职责的哲学才会带给人真正的愉悦。人的救赎表现于职责与完满的统一，表现于人与上帝意念的融合，表现于凭借爱将人引向至高意念。

卢梭

唯有在广泛的爱里才会有正直的存在。

沃维纳格

圣贤说："我传播于人们的东西都是最简单的，它的内涵极易掌握，用慈心对待他人——这便是全部。"

中国智慧

在我们爱上帝，遵循上帝的诫命时，我们也同时爱着上帝的孩子。对上帝孩子的爱便是对上帝的爱，也是对上帝诫命的遵循。而在这样的时刻，上帝对人之诫命肯定不是悲伤的。

人生之目标是使所有现象都沉浸在爱当中，它是逐渐且持续地将不好向好转变，即开创真正意义上的人生（因为真正意义上的人生便是爱），或者让真正意义的人生产生。

善为真真切切的存在。因为有了善，人才拥有了真正的存活。对这一根本规则进行认知，会让我们内心某种情感得到省悟，我将这情感叫作信仰情怀，而它会让我们的至高圆满得以形成。

爱默生

想让自己圆满，有件事是一定要做的，它便是爱，也就是付出真心的爱，博爱一切的爱。或者可以全部地讲，于任何地方缔结爱网，对跌倒之人进行帮助。

所有人都曾经历过以下那种愉悦的感受，特别是在我们小时候，它就是拥有爱他人、家长、弟兄、恶人、仇敌、小狗、马、草木等一切事物的梦想，拥有让一切人都美好、圆满的梦想。同时会有更高的梦想，即同意用自己的能力去让一切人都生活得好，生活得圆满。或者是为使一切人获得圆满，而甘心将自己的生命付出——这便是爱，在这样的爱中才存在人的真正生命。

如果你的内心拥有达成一件事的能力，那就让它变成爱。如果你缺少这样的能力，你就是软弱的，那也要使它变成爱。

活着的人不知道那种幸福的感觉，一旦感受到了这种感觉，并往往在幼儿期，就想爱所有人：爱亲人、父亲、母亲、兄弟、邪恶的人和敌人、狗、马和草；想要一切都好，想要所有人都幸福，更想自己能为了一切都好而那样做，将自己的全部生命奉献给让所有人一直好和幸福这件事上。这就是人类生活中的那种爱。

如果你有活动的力量，那么让你的活动是充满爱的；如果没有力量，你软弱，那么就让你的软弱是充满爱的。

人类的美德离我们不远：只需希望有仁爱，它自己就会走向你。

对自我灵魂进行清洁，别让它因为其他东西而堵塞，这样所留下来的就只剩下爱，而爱需要一个对象，它不能只为自我的满足，爱会将所有存在的东西视为对象，其中的最高存在便是上帝。

仁德

五月二十五日

人之品德可从其对我们所讲的话的关系里看出来。

喜欢挑剔他人的毛病是因为忘记自己所产生的结果。为难他人不过是对他人毫无意义的伤害——可我们却经常犯这种错。不对自我灵魂进行救赎，不勤奋改变自己的人，极易受到引诱，极易形成恶习。

虔诚的思想

哪怕知道他人的不足，也不要对任何人传播。

不要去讲责难他人、伤害他人的话，不要将他人的不足与相识或者不相识的人讲。哪怕他人行径之中存在不好的地方，也不必去揭露。假如听到有人对他人进行诽谤，极力将它消除吧。

对他人的弱点进行掩盖，将其优势进行传扬，这便是爱之行径，同时是获取他人之爱的最好办法。

讲别人的不好，只讲你自己的好，这种话是不值得侧耳倾听的。

在话还没说出来时，先进行仔细思考吧，要么你认为自己极为镇静、仁慈，而且又充满爱心。但假如平静与宽容都不足，正处于暴躁的一种状态里，那你就一定要注意不可因为讲话而犯错。

论死亡

关于死亡有两种含义：一种是生存的灭亡；一种是到达平和的瞬间。第一种是超越我们力量的事情；而第二种——进入平和之状态，则是人类最终的最为紧要之事。

自愿地接受死亡，是我们能够做到的事，所以死亡也可以成为一种品德的行为。动物死去只是停止呼吸，人则一定要把自我内心交与创世者。

卢梭

将死之人的话对他人的影响非常大，所以，用心活着虽然很重要，但用心地死亡则更加重要。丑陋的、不情愿的死亡会削弱对完美生活的影响。情愿的、安静的死亡，则可对丑陋的生命进行弥补。

当装饰在舞台上的东西被拆卸下来时，我们会认识到一度将其看成现实的东西不过只是一种假象。人的生存，其实也不过是持续地由一个假象向另一个假象变化的过程。而死亡的瞬间却是最为真切的真实之表现，由此来看死亡，那一瞬间才是最紧要且高雅的。

对将死之人来说，想要认知世间所有事物是极不易的，这绝不是因为他的理解力不足所导致的，而是其感受到有种不同的东西是生存所无法理解的，也是永远不会理解的，而这个东西将其所有全部吞噬了。

人在活着时，好像是在蜡烛下阅读一本充满恐惧、欺诈、悲伤或者罪恶的书，而在死亡的瞬间，这蜡烛之光会比平时的光芒更为明亮，将一直处于黑暗中的东西照亮了，接着它慢慢暗下去，并从此永久地消亡。

将死之人中有一些早进到永恒境界了，他是站在坟茔的暗处与我们进行交流的，他所说的对我们好像是最高的指令，我们几乎将面临死亡之人当成先知。对意识到生命已经消失，坟茔早为其打开的人来说，他明白陈说耐人寻味之语的时机到了，这一刻他不能不将自我最真的面目表达出来，在他内心的灵性也不能不尽情暴露出来。

卢梭

我们不得不为了死亡做打算，不过这里所说的并不是一般意义的打算，也不是有关祭奠仪式或者死后事务处理的打算，而是对最完美的死亡方法做打算。在死去的瞬间，人好像已经进入一

个完全不一样的世界之中了，这便是完成的瞬间。因为他的一言一行都会对存活者产生别样的影响，所以我们一定要尽量利用这个肃穆的刹那。

良知的抉择

五月二十七日

人之理性通常不是出于寻找真谛，而在于对真谛的掩盖，这种理性行为是让罪恶产生的重要根由。

关于判决，其目的只是为了维护社会当下的已有状态。所以，居于普通水平之上，试图对普通水平进行提高的人，和居于普通水平之下的人一样，都会遭受惩罚。

一切道德方面的践行规则之内，好像都会有与之相反的观点而形成的一种冲突。可列举几个这方面的例子：

虽然有断食的规则——可有的人却说，断食岂不是要丧失对他人尽力的能力吗？虽然有不危害动物的规则——可有人却说，那是要将自己送给动物食用吗？面对禁忌酗酒的规则会说，在接受洗礼时应该怎么办呢？治病也不使用酒精吗？虽然提倡不能以暴制暴——可有人却说，这样自己和他人是不是都应该被坏人杀死呢？

这种冲突，其实就表示这样做的人不想去遵循道德之规则。

所有的说法只是一种狡辩，有的人一定要通过酒精进行治疗疾病，但这与酗酒并不一样。不可以因为害怕人类灭亡而支持放纵，不可以因为联想到坏人而建议去杀人、惩罚、囚禁。

人不可能去做所有的事，但肯定要做一部分——这绝对不代表做坏事就是天经地义的。

梭罗

自从人类的悟性得到发展以来，就一直在对善与恶进行分辨，而且任何时代的人都可以根据自己之前之人的行为进行分辨。人始终与恶对抗，始终在追求正确的美好的道路——虽然前行的速度很慢，但却一直持续着。只是这条路上总会出现某些障碍，也就是各种欺诈——它们的出现就是想告诉世人不必去进行改变，只需按过去的方法生活就好。

我爱农民们，因为他们并无充分的知识进行歪曲的判断。

孟德斯鸠

有时你一定非常奇怪，为什么人会要去维持那奇异的、不合常规的认知——信仰、政治、常识方面的认知。但假如你努力去探求，就会明白那只是人想要对自我认知进行维持所导致的。

心之抉择是既直观又简单的。

对于一个基督徒来说，财富就是谴责他的软弱或谎言。说一个基督徒富有，就像是说一匹马无腿。

人们陷入了物质利益，以至于只从提高自己的财产状况的角度来看人类灵魂的体现，与人们关系的表达。他们的尊重是由两者的财富来衡量的，而不是由人的内在尊严来衡量的。但是一个真正开明的人以他的财产，他的金钱为耻，出于对他理性的自我尊重。

爱默生

我看到，到处都是以共同利益的名义和借口，寻求自己的利益的富人的阴谋。

托马斯·莫尔

贫穷教会我们智慧和忍耐。虽然拉撒路生活在贫困中，但加过冕；而雅各只希望有面包；约瑟夫处于贫困极端，而他不仅是一个奴隶，还是一个囚犯，然而，正因此，他让我们更惊讶。我们赞美他，在他分配了小麦时，不如他在监狱里时获得的赞美多；他王冠加身时，也不如他身带镣铐时获得的赞美多；当他身居宝座之上时，也不如他陷于诡计之中并被出售时获得的赞美多。因此，想象这一切，想着被这些功勋编造的冠冕，令我们惊讶的不会是财富和荣誉，也不会是快乐和统治，而是为了高尚品德的贫穷、镣铐、枷锁和耐心。

约翰·兹拉托乌斯克

拥有财富是一所傲慢、残忍、自负无知和淫荡堕落的学校。

普伊斯

富人的冷酷无情并不像他们的同情那样残酷。

卢梭

没有必要尊重富人，而是应该摆脱他们的生活，怜悯他们。有钱人不应该为自己的财富感到骄傲，而应该感到羞愧。

灵魂的神圣本质

五月二十九日

生命是封闭在其内的神圣本质的意识。

唯一直接的确定性是意识的确定性。

笛卡尔

伯克利和费希特是正确的，爱默生也是正确的：世界就是有着某种相似；神奇的童话故事，传说像真实的历史一样真实，——甚至更真实，因为它们相似的更合理。真正存在的只有灵魂。那其他的一切呢？影子、借口、外表、类似和梦境。我们在精神上意识到的一点。世界是某种游戏，其目的是教育和加强灵魂。真正存在的只有意识和他的太阳——爱。

艾米尔

脚下是冰冷坚硬的土地，四周是巨大的树木，头顶是多云的天空，思维占据着自己的身体——同时，我全身心地感受着坚硬冰冷的土地、树木、天空、我的身体和我的思想——恰巧，这些全部只是我五种感官的产物，我的认识，我所创造的世界，这些只是由我组装了世界的这样的一部分，而不是别的部分，与独立于世界的我的这个部分就是这样的。我知道，我死后，——这一切都不会消失，但会发生变化，就像在影院中的转变：由灌木、岩石变成宫殿、塔，等等。死亡会在我身上产生这样的转变，只是如果我没有被完全摧毁，而是变成别的，独立于世界的不同物质。现在我自认自己，和带有自己感情的自身是独立的，那么就是把我作为一个完全不同的什么东西分出来。那时，整个世界，对于那些居住在其中的人来说，仍然是一样的，而对我来说会变得不同。毕竟世界是这样的，而不是别的样子，只是因为我自认是独立的，而不是独立于世界的存在。而与世界分离的物质可能是不计其数的。

在自己的内心处寻找上帝，你们在其他别的地方是找不到上帝的。

阿尔曼佐尔·达尔·卡费特

我们的生命是我们的意识本身，是永恒的，无止境的，即一个永恒的和无限的精神，是时间和空间现象的受限条件。

人类的意识是神的意识。

土地不是买卖对象

五月三十日

　　土地与人的性格相同，都不可以成为买卖对象。对土地进行买卖，就相当于买卖性格。

　　奴隶制度的根本就是所有人都拥有抢夺他人劳动所得的权力，土地的归属是获取了与奴隶归属相同的权力。奴隶主一定要将奴隶劳动所得的东西留下，最起码是奴隶在生活中所必需的东西。可今天被赋予自由的国民们，是不是获取了比奴隶所得要多的东西呢？

亨利·乔治

　　土地是自然馈赠于人类的庄重礼品，在土地上出生的任何人都拥有共用土地的权利。这个权利如同婴孩在母亲怀中的权利一般，是最正常的。

蒙田

　　既然我们是因为土地而出生的，它就会提供我们所需要的劳动以及居住场所，我们就可以拥有要求自我应有之物的权利。

爱默生

我们社会中的人，不为其睡觉的地方付费时，不能睡觉。空气、水和阳光只有在大道上属于他。承认他们是合法的唯一理由——沿着这条大道走，直到他因疲惫而摇晃起来为止，因为他不能停下，必须走。

格兰特·艾伦

男人、女人的肉体都不能够进行买卖，更何况是他们的内心。同理，土地、水与空气也是不能买卖的，因为它们是维护人类肉体与内心不可或缺的基本要素。

勒斯金

对土地进行买卖或者玩弄，便是罪大恶极。

普通人在世上并不会勤奋去做自认为美好的事，而是勤奋地去做怎样让自己拥有更多的事。

欢乐

五月三十一日

就像不习惯奢侈的人，但是偶然落入奢侈豪华之中，为了在人们的眼中提高自己的声望，做出他是如此习惯奢华，不但不会因奢侈豪华而震惊，反而会藐视它的样子，因此，无知的人把藐视生活的快乐视为世界观提升的特征，做出他厌倦了生活，他可以想象自己比某些东西要好得多的样子。

烦恼取得胜利，恶变成了善——这一切都是上帝之神奇。依靠爱，使放荡之人面对上帝，使满是邪恶的人间变成善良的人间——这是真正的"发明"所需要达成的事，是无穷仁慈之永远的愿望。从罪恶改变成善良的一切灵魂皆为世界历史的代表。圆满、拥有永远的存在、和上帝同在、获救——这一切实际上都是一件事，这一切都是对问题的解决，是生存的目标。好像悲惨可以生长一样，圆满也可以生长。对天上的愉悦慢慢变得更有能力的掌控，灵魂越来越镇静——这中间就有美满的存在。美满是没有边际的，因为上帝没有底也没有边际，美满就是用爱对上帝进行把握。

卢梭

我们对生命深感不满的首要原因就是我们产生了以下毫无依据的假设："我们拥有不可破的美满的权利，对这一美满的获取便是生命的目标。"

但是，当我们理解并认为生命的最佳美满来自自身凭借爱走向灵肉相结合的境界时，我们便不会再有其他愿望了。

良好的信念来自上天赐予的愉悦。

莱辛

个人灵魂的愉悦是其能力的象征。

爱默生

想要拥有美满就一定要先对美满的可能性进行信赖。

如果一个人对生命及上帝之规则进行破坏，那就算将他所追求的最佳美满赐予他，他依旧是个悲惨之人。如果一个人觉得美满来自对生命之道的达成，那就算将普通者所认可的美满予以剥夺，他同样是美满的。

试一试吧，你也能够像对自己的人生十分知足、凭借爱与仁慈充实自己灵魂的人一样地活着。

马可·奥勒留

我们没有对生命进行怨怼的权利，如果对生命生出抱怨，那只能表明我们对自身不满意。

六月

生　命　的　善　行

——托尔斯泰陪你走过春夏秋冬——

事情

做坏事，不如什么也不做。

人们经常自豪地拒绝无害的娱乐，说他们没有时间，因为他们有事情。同时，他们不会说，一个温和的，有趣的游戏比忙碌的人们吹嘘的很多事情更有必要和更重要，往往存在这样的事情，最好永远都不要做的事情。

做事情——不做坏事（无论怎么样，无论何时都不能做坏事），但可以做中间的，甚至做好事，并沉浸于美好的乐趣，要记住，灵魂（良心）是有要求的，灵魂的要求比任何乐趣和事情更重要；只要良心要求满足其需求，所有这些事情应该现在就停下来。同时，事情和有这样吸引人的特性：善良的，有道德的人们对道德要求的回答："我没有时间，我需要试试买来的牛，需要埋葬死去的父亲。"

我们必须记住这些话的含义：让"死者"埋葬死者。

残酷的人总是努力变得忙碌，这是为了在自己的事业里能有自己严厉的证据。

作为一个脚踏在轮上的马不能不走，因此一个人不能什么也不做。还因为人工作，功勋就像人呼吸那么多。重要的是，人在做什么。

一个非常普遍的误解，认为快乐、娱乐不重要，甚至是不好的事情。快乐就像劳动一样重要——它是劳动的回报。劳动不能无间断地继续。当然，必要的休息用快乐来装饰，娱乐只有那个时候不好，对他们来说，首先，当需要其他人的劳动（对网球、戏剧、比赛等的准备）。其次，当快乐进入一个尖锐的比赛对决中，这往往是在技能游戏中存在。最后，当只为少数人安排娱乐时。如果没有这个，那么，特别是对年轻人来说，娱乐不仅是好的，而且还是一件好事。

没有比关心增加财产更无意义、更无用、更有害于灵魂的事情了，也没有这样的事情，判断事情的重要性在于它是否那样吸引你。

工作和娱乐适当交替，创造快乐的生活。但不是所有的事情，也不是所有的娱乐都可以。

男女之职责

六月二日

男人与女人的职责是相同的，那就是侍奉上帝。但是，男人与女人的侍奉方法不同，同时会有所限制。因此，不管是男是女，都要以自己适合的方法去侍奉上帝。

女人最为重要的特别之事——唯有女性才可以去进行，这是人类存在及生命达成不可或缺的行为——即生育与教导。所以女人一定要对此事以及由此所产生的相关事件倾尽全部能力和关注度。男性可以做的女人同样能做，而女性能做的（生育和教导）则是男性无法做到的，因此女性一定要对唯有自己才可以做的事倾注全部能力。

无法使家庭获得美好状态的主妇是无法美满的，这样的女性不管去哪里都不会获得美满。

关于"为人类服务"事件的本质能够分成两个方面：一方面是增加生存者的美满程度；另一方面就是让人类得到传承。第一方面大部分可视为男性的职责，而第二方面则主要视为女性职责。

男人与女人是不相同的两个音符，一定要相互配合，人类心灵之乐器才可以弹奏出准确完全的声调。

约瑟夫·马志尼

人们具有一种奇特的牢不可破的不正确思想，那就是觉得烧饭、裁衣、清洗、教育等事情全都是女性才可以做的事，男性如果做这些就意味着羞耻。可实际上，有这种想法的男性才是真正羞耻的。在疲惫、生病、孕育的女性正为了烧饭、洗衣、照看孩子而倾尽有限的能力时，男性却为了乏味的事打发时间，或者四处游荡，这是何等羞耻的事情。

男人、女人的品德是一模一样的——也就是谨慎、正义、仁慈。这些相同的品德，在女性身上却表现得别有魅力。

对女人来说，生育是对自我否认进行培养的学校，女性在自我人生里这样培养过自我否认的才智，所以别的生活境遇中也极易看到它。

极力对男性进行效仿的女性，以及极力向女性进行效仿的男性都是不全面的。

男女之间唯有于精神方面建立互通才可以稳定地结合在一起，缺少精神交流的性关系对夫妻二人都是烦恼的根由。

女人在做一个重要的事情：生孩子。但女人不生思想，这个事是男人在做的。女人往往只是遵循男人所提出的和已经普及的那些，并继续普及推广。因此，男人就只是教育孩子，而不是生孩子。

女性在没有结婚之前，或者已经生育完毕之后，最好去参加男人能够做的一切事情。但女性一定要明白自身具有男性绝对不可取代的工作，那便是生育。

一致

无论他们知道与否：万物都是密不可分的。

人子，你没有欺骗过自己的兄弟吗？没有，没有，因为你对他们说："到我这儿来，我会安慰你。"但他们没有来找你，没有用心和行动接受你的教导，没有服从你的命令，不像同一父亲的孩子们爱对方。要是他们真的来找你，那么他们彼此就相爱了，那么所有的就一致了，如果他们曾经是一致的，这力量哪里是可以阻止他们确立正义，确立名为神的国度的？现在，他们是无能为力的，因为他们被分开的每个人都是软弱的，独自对抗误入迷途的压迫者。他们是无能为力的，因为他们既没有征服所有的信仰，也没有比信仰本身更强大的爱。他们是无能为力的，因为他们被禁锢在了自己的自私中，因为他们没有为之自我牺牲的那个东西，没有为之一直都在奋斗，永远不会累，永远不会失去希望的那个东西。

他们是无能为力的，因为他们害怕人，因为他们不明白你所告诉他们的那些，就是保护自己的生命的人将失去生命，而失去生命的人，是为了建立你的法律王国，以挽救生命。

拉梅内

一个人，认为只有自己的个性是真正存在的，而其他的生物是幻想的，对他们来说，他承认一些生物的相对存在，只是因为他们能协助或者妨碍他的目标，这样的人，感觉自己被一个无可估量的深渊将他与其他所有生物分开，他不能认识到自己只存在于他的个性中，没有看见随着他的死亡，死去的不仅是一个生物，即他自己，还有整个世界。

一个人，在其他所有人和所有生物中，看到他自己的存在，通过他的生活与所有生物融合在一起，这样的人，在死亡时，只会失去一小部分的存在：这样的人继续存在于所有其他的、他一直认可的以及他所爱的存在之中；对于这样的人来说，将他的意识与他人意识分离的欺骗消失了。

如果不同的根源不完全在此，那么不同的主要根源是特别善良和特别凶恶的人们怎么迎接自己的死亡时刻。

叔本华

我永远不会寻求或接受一个单独的、个人的救赎。我不想独自接受安宁，但我将随时随地地生活和劳作，争取救赎世界上的每一个存在。我会一直留在罪恶、悲伤和斗争的世界里，直到所有人得到解放。

常健

为了同一工作一起劳作的理性生物，在共同的世界生活中，实现了肢体为人体服务的目标。

他们为了理性的一致行动而被创造。在意识中，你是伟大的精神团体的成员，有一些令人鼓舞和令人安慰的东西。

马可·奥勒留

人类开始清晰地意识到，所有人都必须共同进退。人们越来越多地去倾听那个我们内心从没停止讲话的声音。

不要认为，个人的邪恶不会是整个世界的邪恶，也不会影响你。

虚伪

六月
四日

因为基督徒对信念的歪曲，其人生相比异教徒更加凶险。

人应当是奴隶。他的选择只在于，是谁的奴隶：如果是自己激情的奴隶，那么他必定也是人们的奴隶；如果是自己精神因素的奴隶，则只是上帝的奴隶。

每个人都会因为有一个最高等的主人而引以为荣。

世界上大多数邪恶的滋生都来自理智不足。"不信便咒"，这样的想法极为浅陋，这便是邪恶的主要原因。原本一定要通过理智进行反思剖析的事，如果经常毫不考虑就全部接纳，人便会逐渐丧失深入辨别的习性，从而深陷于自我怨怼，并且将他人带入邪恶。所有人都有自己思考的习性，才能将自己的想法引向正确，也唯有如此，所有人都可以获救。

爱默生

"我们经常在他旁边乞讨。"——《圣经》中这句话人们用在罪恶目的上是被完全曲解的，没有哪句话比它更严重。虽然世界已经取得了很大的进步，但如果我们依旧有一群可怜的、没办法在健全状态中生活的贫穷者，那我们便是邪恶的、耻辱的。只要对四周进行观察，我们可以看到这样的事实：就是将劳动者的快乐剥夺，或者将他们的收获剥夺，这样的欺骗行径，才是阻止世界朝强大迈进的拦路石。

亨利·乔治

当今时代所具有的冷酷是因为对人们传播了下面的观点而慢慢扩散开来的：就是告诉人们所有邪恶的事最终都会将人引向美满，这其实就是对人类自我心理的引导与鼓励。最终，哪怕自己极力躲开对自身不利的事，但假如他人试着去为恶，自己便会毫不在意地跟从，并接纳为恶的影响。

罗斯金

全世界人民运作的制度是以最严重的欺骗、最深刻的无知或者以二者的结合为基础的；因此，在不改变此制度依据的基础的情况下，它不能为人民带来好处；相反，它的实际后果必定永远都是邪恶的。

罗伯特·欧文

所有的事情、习性、规则越是被举得高，我们就越要谨慎地去对这些进行剖析，看它们是不是真的如此让人尊重。

　　如果想将世界一切的罪恶进行扶正，就一定要对虚假的信仰
进行揭露，除非在所有人内心建立真正的信仰，再无其他的方法。

谈论外在生活

我们所认知的外在生活只对我们自身是真实的，因为我们的认知是这样的，我们的外在生活便这样展现在我们眼前。

如果说一切物质的都是不真实的东西，人们对此肯定不同意。"不管怎样，桌子是真的，一直都在那里——我们离开屋子，它依旧在那里，对我来说就是这样，对别人也是这样。"——这种说法极为普遍。可当我们并拢两根手指去转动一个球时，我们不一定可以感受到手指的存在，可用手指对球体进行按压时却可以感受到，而球依旧还是那个球。同理，桌子之所以是桌子也是源于我们的这种感受，但那张桌子在我们感受中不一定是一张，或许会认为它是半张桌子或者是一张桌子的百分之一，甚至它并不是桌子，而是别的东西。

我们在看地平线上的白色物时，不经意间就将它看成了白色的教堂；在看一条线时，脑海中就会出现与之相关的东西，我们所看到的一切东西通常都是如此被放进观点而产生的，呈现在我们头脑中出现的样子。

"于我们之外存在的东西是不是拥有自然真实性?"——我觉得这样的问题很没意思。不管怎么样,东西都是于我们外界而存在的,而追问它们是不是真实存在,就如同问蓝色是不是真的蓝色一般没有意义。我们只可以这样说,于外界存在的东西,其组成是我们不能决定的,也不是我们可以进行指摘的。

利希滕贝格

生命之规则就在于"可以看到的物体来自不可见物体的创造"。根由掩盖起来,而结果却呈现在外面,根由是无穷的,但结果却有所限制。对不可见之物体进行认可便是认可所有能力的根由,只对可见物体进行认可则代表人只有腐烂的肉体。

有两个办法能够让我们感受到东西的真实存在:第一,在特别的地方与时间的相互关联中进行物体的觉察;第二,看一下那些物体是不是被包括于上帝之中,是不是灵性的必然产物。通过这两个办法来认可的物体,它本身就拥有上帝的特质。

斯宾诺莎

外在生活的本质实际上并不是我们所认可的模样,所以世界上一切有关物质的都不会是最为紧要的。那什么才是最为紧要的呢?它就是时刻都被信任的,所有人都觉得对的东西,即为"善"。

邪恶

一个人行下的恶事不仅会让灵魂受损，将其美满掠夺，还通常有恶果产生在自己身上。

人们在世界上所做的恶事不会马上就产生结果，就好像土地只会逐渐在合适的季节才长出果实一样，一个人所做的恶事也会逐渐将他毁灭。

对人来说，死去之后依旧可以信任的仅有的朋友便是"真谛"，而其他所有的事物都会与肉体一起消亡。

印度经典

圣贤最怕自己做恶事。恶必然会带来恶，所以恶果被看得比火还要可怖。

即使对仇敌也不做恶事——这样的品德是多么高尚。

想要将他人毁灭的人，自己必定会被毁灭。

不要做恶事！穷困绝对不会变成做恶事的理由，做恶事只会让人沉陷于更深层的悲惨。

如果自己不想遭受苦难，那就不要去对他人做恶事。

人在敌人中间依旧有可能存活，但却没办法在恶报中逃脱，邪恶之暗影肯定会一直跟随他，直至其死去。

　　如果一个人真的爱自己，那就不要去做恶事，哪怕是微不足道的恶事。

印度格言

　　具有报仇思想的人就如同受伤之后却故意不治疗，如果不是这样，伤口是完全可以恢复的。

培根

　　做恶事就好比戏耍猛兽一样凶险。

　　做恶事的人大多都会受到悲惨的恶报。

谦逊与自负

六月七日

谦虚可以给人带来愉悦，那是骄傲与自负之人根本不能理解的愉悦。

完美生活的必备条件是人们之间的友好相处，而自负则是友好的最大妨碍，只有谦虚才会在自己与他人之间产生友好。

在我们受到他人诽谤时先不要愤怒，我们反而要马上去自省那样的诽谤是不是真的有所依据。

幽姆

如果你这一刻觉得自己曾经对圣人的教导有所轻视，也没有过上圣人的日子，从而惭愧地认为自己真不应该接纳圣人之荣耀，那你不用对此感到后悔或者难过。你只要从这一刻开始按着良知的要求去度日，你就能获得安宁。

马可·奥勒留

一个人要获取美满，必须要先去培植谦虚的态度，自负者是什么也得不到的，因为他觉得自己什么都知道、什么都有。

世界先进思想

对自己严厉，对朋友谦逊，你便不会有敌人。

中国金言

自负不仅对自我的邪恶进行拥护，也会对他人的邪恶进行拥护，换言之，自负会为邪恶进行掩藏并辩驳。邪恶的认知可以让人谦逊，这比一些能够激起自负之心的善行对人有更大的益处。

巴克斯特

不要担心谦逊所引来的轻视，大多数时候，其后面都会产生真实的灵魂之满足，人会因为谦逊而获得回报。

善念与真谛

没有正直便没有善念，没有善念便没有真谛。

善念与真谛应该归属于同一件事。

朱斯狄

明白真谛就是对真谛有爱，而爱真谛却并不等同于实施真谛。

孔子

用善来解释恶，在事情开始时就要进行预防，在事情不大时就进行解决。

通向道德的有两条路：那就是做正义者，以及绝对不对所有的生命做恶事。

玛奴

真谛绝对不会用疯狂的方法与恶对抗，它的不言而喻，它的明确性，以及它内在的能力就是对恶最有力的还击。

梭罗

一切的恶念都因为力量不足而起。

卢梭

没什么比虚伪更恶的事，虚伪比袒露的恶更让人愤怒。

反省现有法则

现世现有的法则是愚昧的，是和真谛相背而行的。

人们在智力方面进行的所有奋斗几乎都不是为了让劳动者减少劳动，而不过是使闲适者的懒惰更好地被遮掩起来。

不论是德行还是生理方面，我们经常随便构建与人性相反的生活，而且会极尽自我所能使得他人认可这种生活便是真实的生活。被我们称为知识的东西——也就是我们所说的科研、艺术，以及改变人们生活的各种工具，其实都是在欺骗人们的德行要求，而那些被叫作卫生学、医学的文化，也只是对人们生理进行欺诈的自然要求。

假如有人能够回过头看一下世界，就发现世界上有这么多的不人道存在，那么多可怜、可笑、可憎的事。同时会看到我们做的所有事其实都是愚昧、可悲、可恨的。有人为了抓捕动物而饲养猎狗，有人为饲养牲畜用来搬运石头，可对那些在饥饿中生活的人却视而不见。有人为了雕刻塑像而花费诸多金钱，可对于因为各种悲惨而呆如塑像之人置之不顾。有人采购昂贵的宝石，用大力气对墙壁进行装饰，却对穿不起衣服的乞讨者麻木不仁。有人早就拥有了很多的衣物却还想拥有更多，可有的人却一件遮体的衣物也没有。有人为妓女、表演取乐者或者舞蹈演员挥金如土，有人因为要造豪华的房子或者购买别墅挥霍金钱，有人终日为了利息收入而忙碌，有人并不在意是不是会对读者造成伤害，没日没夜地写惊悚故事。天刚亮，有人就要去追求不符合法则的利益，有人则开始进行没意义的挥霍，甚至有人利用国家之名进行偷盗。世界上所有的人都如此为了无意义、没必要的事费尽心机，对那些真正紧要之事却毫不顾虑。

圣约翰·克里索斯托

大人受孩子的支配，或者圣贤受愚蠢者支配，这都与自然规则相违背。同理，有的人饱受饥饿之苦，而有的人却拥有得过多，这也是与自然规则相违背的。

卢梭

在人吃人的年代，以强凌弱是极为普通的事，现在，人们虽然制定了很多规则，科学也有了飞速的提高，可强大者与冷酷者依旧对弱者、悲惨者、愚蠢者进行欺压。因为劳作过度而损害身体，一辈子就为了自己与一家人生活而忧虑不已的贫困者之血液，事实上是被自己的同类所吸食的。在我们发现文明时代的纷乱与苦恼、动荡与眼泪、失望与无助的事实时，就一定会得出这样的定论：不管从哪个方面来看，人吃人的年代都不会比现在更冷酷。

露西·马洛丽

仁慈者被看作为奴仆、受人欺压的现实一定要随着时代的向前而清除——我们现在的生活不应该以此为美好的目标吗？

罗斯金

　　我们不可以用现有的规则对自己的行为进行肯定，现有的规则不是不可变更的——它一直处于变化当中，由不完美迈向完美——当然，这全都依靠我们对现有法则的不满和抗议而得来。

永生
六月十日

我们的灵魂中有某些东西不受死亡的影响。我们可能感知到这个某些东西，也可能感知不到它。

知人者智，自知者明。
胜人者有力，自胜者强。
死而不亡者寿。

老子

人们出生和生活只是上帝的一些细节，因此不能消失，——它们可以在我们眼前隐藏起来，但不会消失。

一个人用较长的时间走过了我开阔的视野范围，而另一个迅速地超过他走了过去，无论如何不能强迫我把大量的有效生命认为是第一个人，而认为第二个人的要少一些。我无疑知道，如果我看到一个路人走过我的窗口，——无论快慢，都一样——我无疑知道，这个人来过，并且是在我看到他的时间之前，他将继续存在，以及在我的眼前隐藏起来。

我不相信现有的任何一种宗教，因此我不能怀疑盲目地遵循任何传统或教养的影响。但对于我的余生，我已经尽己所能地深思了我们的生活法则。我已经在人类的历史和我自己的意识中找到了它，并且我得出了一个不可违反的信念，那就是死亡不存在；生命不能是永恒的；无限的完善就是生命的法则，每一种能力，每一种思想，贯注于我的每一种愿望都应该有自己的实际发展；我们所有的思想，愿望，远远超出了我们尘世生活的可能性；正是我们有这些愿望，因此我们不能从我们的感官追溯他们的起源，这证明他们从地球之外的领域进入我们，它们也只能在其之外得以实现；除了不同种类的事物，地球上的任何东西都不会死亡，认为我们死了，是因为我们的躯体死亡了，——这就像认为一个工人死了，因为他的工具用坏了。

约瑟夫·马志尼

一个人知道自己生命的基础是精神，他没有任何危险。在他生命的尽头，关闭他的感情大门，他感受不到任何的不安。

老子

真正的生命——超越时间和空间，因此死亡只能改变生命在这个世界上的表现，而不是消灭生命本身。

不能从任何人那里获得永生的信仰，不能说服自己相信永生。为了有永生的信仰，它应该是存在；而为了有它，应该明白自己的生命有什么是永生的。

在自己的意识中对世界建立了一个新的，现实生活中又容不下的那种态度的人，只有他能相信未来生活。

　　用你灵魂的那部分活着，知道自己是不朽的，不怕死亡的那部分。灵魂的这一部分就是爱。

想法的变化

六月十一日

在我们生活中所有的变化，和我们想法中产生的变化相比较，都是无足轻重的。

不管是个人还是全体人类生活的重大变化，唯有在想法中可以产生与达成。为使情感或者行动变化得以生成，首先要想办法去发生改变，为使想法产生改变，人一定要先停止行走的脚步，去关注需要理解的所有事物。

为了对邪恶进行躲避并战胜邪恶，最先要理解的就是一切邪恶之源都来自人类邪恶的想法。

人之行为不过是想法的结果而已。

佛陀

决定个人命运的是其如何进行自我了解。

梭罗

不管人是不是想要表现自己的想法，想法都在对个人的生活产生影响，换言之，对个人生活产生危害或者辅助的都是其想法。

露西·马洛丽

我们的人生因为婚姻、工作等完全根据自己意念而产生的行为一天天过去，而这些行为都来自我们走路、睡觉、吃饭时不经意产生的想法，特别是我们自省过往时所出现的想法。自省过往想法时会这样对我们说："虽然已经那样行动，但事实上你要这样做才对。"于是，自我行动就好比奴仆一般跟着想法前行，从而将想法决定的事进行完成。

梭罗

毫无目的的想法会让我们的头脑紊乱，就如同肮脏之人留宿时会弄脏我们的房间一样。

露西·马洛丽

我们能够清楚地看到物质生活方面所产生的改变（提升），比如过去运用的马车如今变为了蒸汽车，曾经用的蜡烛或者木柴现在变为了瓦斯或者电力。可是我们对精神方面的变化却不能轻易看出来，其实有关精神的变化是最为紧要的。

在我们丢失钱包时会感觉惋惜，但假如我们将自己思考出来的、从别人那里学到的，或者在阅读中获得的珍贵思想进行把握，

我们对此就不会过于介意——实际上如果我们可以对这类贵重的想法进行关注，并将其用于生命中去，我们一定可以做成更多的好事。

高度

六月十二日

苦难是肉体与精神生长必需的条件。

我们虽然一直在抱怨，但所有烦恼都会变为我们的美好。有时我们真正看到了肉体烦恼的益处，可我们在大多数时候对不管是肉体还是精神的烦恼，都只进行怨怼，我们无法了解烦恼将会变成我们的喜悦，也就是我们感受不到烦恼将会辅助我们对自身进行改善。

想要减少烦恼的刺激味道，第一，要牢记有的人的烦恼远比自我烦恼难以忍受得多。第二，要牢记对于烦恼可以采取冷静和慌张两种方法。

所有人都如此生长：想法之萌芽已经预备成长为更为至高的想法，于当下所表现的个性之中已经预备成长为至高的个性。青年抛开少年时的理想，壮年抛弃青年时经验不足与激进的冲动，老年将壮年时的自私抛开，慢慢拥有博爱之心。人们就如同这样慢慢向着更高更正确的人生目标前进。

爱默生

随着英明事情的完成，越来越多的生命趋向人类。

约翰·罗斯金

在你沉于烦恼的思想中时，除去上帝之外，不要听从其他所有人，或者是向一切人告白。默默忍受是最重要的，自我烦恼虽然有时会对他人造成牵累，或者会转移给他人，但当它在你灵魂中燃烧时，却可以帮助你促进自我，从而朝美好境界前进。

德行与灵魂的能力是在悲惨之中、烦恼之中、疾病之中被不断强化而达成的，所以对那些可能会落在你头上的磨炼，你一定不可以惧怕，你只要进行忍受即可，所有的磨炼都会让你慢慢靠近上帝。

圣贤思想

悲惨——是人生成长的试金石。

为了自己的精神成长，在痛苦中寻找它们的意义，并消除痛苦的苦味。

理智

六月十三日

理智是人区别于动物的一种本质。

理智与德行总是保持一致的。

哪怕愚蠢者想与圣贤者过相同的人生，但其与真谛的距离，就如同勺子完全不了解送进嘴里的食物是什么味道一样。

我们能在"人"的称谓中感受到一种尊严，这让我们肩负起尊敬人的责任，特别是对明白怎样去运用理智做出正确断定之人的尊敬。不可以因为他人与我们立场不同便进行责难，便称对方为傻子。相反，我们更要想到，并且尽一切可能去探知他人所可能具有的正常依据。

康德

如果一个人内心不是依旧有善的存在，我没办法让他成为善良之人。如果一个人的内心不是还具有理智，我就没办法让他变成圣贤者。

康德

认为理智不能够引领生活之人，必定会因为不承认理智从而毁坏了自己的人生。

所有人的内心都有相同的理智，人与人的交流，相互之间的关联就在理智上得到建立。对理智进行运用是所有人的责任。

诽谤

六月十四日

为了不指责亲近的人，以及为了减轻不指责他人的人的生活，需要的努力是如此少。然而，有如此少的人在做这样的努力。

在圣人传说里有这样一个故事：有位长老梦到一个因为疲惫而累死的僧人进入极乐世界，长老不解地问他："如此一个羸弱无力的无足轻重之人怎么会得到这样大的幸福呢？"他得到这样的回答："因为这位僧人一辈子从未对他人进行过诽谤。"

不要对他人的行为进行诽谤，因为对他人进行诽谤是没有意义的，而且会让你进入极大的错误当中。反省自己吧，这绝对不会徒劳。

《虔诚的思想》

越严厉要求自己，对他人的责备越谨慎，就越不容易偏离正确。

孔子

不要依靠贬低他人而提升自我。

仁慈者甚至会欣然掩藏他人的不耻，哪怕自身曾深受其害。

不要使忏悔者对过去所犯的错误进行回味。

《塔木德》

他人的过错是很容易看到的，但自己的过错却难以发现，所有人都爱揭穿他人的过错，却总是极力将自己的过错进行掩藏，就好像骗子想要掩藏自己的谎言一样。

人经常爱对他人进行责难，不但只关注他人的过错，而且会任由自我的恶意随便扩展，以导致自己越来越无法得到改善。

佛教智慧

将诽谤他人的坏习惯抛开吧，这样你会感觉到内心爱的能力慢慢增强，也会感觉到生命的美满慢慢增强。

何为对上帝之爱

六月十五日

对于上帝之爱，事实上就是对最高善念的爱。

人们常说：我不明白对上帝的爱。更确切地说：没有对上帝的爱，我无法理解任何爱。

对于上帝的真爱是一份德行，而这德行是用理解了最高尚理想作为根基的。所以，对上帝之爱和对道德、正直、善良的爱是绝对相同的。

伊凡·蒲宁

我经常听别人说不明白何为对上帝之爱，我想要这样告诉大家：假如没有对上帝之爱，就没办法理解所有的爱。

只知道一些原因规则，而不明白对上帝的爱，这种情形就好比拥有了房子大门的钥匙却没有房间钥匙一样。

《塔木德》

要实现上帝的圣训必须要爱上帝，而不是出于恐惧而面对他。

《塔木德》

一个人内心是不是有上帝，能够由他仁慈的、富有爱意的、向往正直的，或者是充满复仇欲望的、容易生气的、罪恶的行为进行断定。

露西·马洛丽

如果你爱某个人，却不爱他内心拥有的上帝（也就是仁慈），那你不久就能够由这种爱中感受到毁灭与烦恼。

一个人说，他爱上帝，但不爱别人，他在欺骗人们。一个人说，他爱别人，但不爱上帝，他在欺骗自己。

《塔木德》

唯有圆满之爱才具有充足的意义。

为了感受圆满之爱，我们一定要用圆满去填充自我所爱的不圆满之处，或者去真正爱那些圆满的人——上帝。

如何让社会制度更完美

六月十六日

在所有人都得到完美状态的德行时，社会制度才会得到提升。

如果国家实现其目标，它建立一个这样的状态，就像整个公正无处不在的统治着思想仓库。但是，这两种状态的内在本质和渊源——公正和完全公正的相似——却恰恰相反。特别是在后一种情况下，要是国家是那样的，那么没有人会想做不公正；在第一种情况下，没有人会想容忍不公正，而所选择的手段将完全达到这一目标。因此，可以通过两个相反的方式实现外部目标。因此，带着笼嘴的野兽就像一个草食动物那样无害。超出这个限度，国家不能运行：那么，它不能在我们面前展现所有人之间的相互仁慈和相爱的画面。

叔本华

我通过写字台朝窗外望，正好望见一头拴着铁环的大牛被系在树上。大牛想要吃草，而绳子缠绕在树干上。食物就在眼前，嘴却怎么也吃不到，大牛如同罪犯一样站在树下，甚至连扭一下头赶走落于肩头苍蝇的权利也没有了。它不断地挣扎，想要脱离约束，却徒劳无功。虽然它悲愤地叫了几声，最终还是无能为力地保持了默然。

这头大牛的力量是非常大的，可它却不明白应该怎样获取自由，它没有足够的思考能力，在丰盛的青草前忍受饥饿，如同一个可悲的祭祀品。在我看来，这头大牛就是劳动者的代表。

在所有国家，很多人劳作着为富人制造奢华产品，但自己却一直在悲惨中忍受苦难。在逐日提升的文明不断充塞思考的高度，并慢慢产生全新的认知时，这些人却因为肉体与物质的满足，而依旧保持着与动物相同的生活水平。他们能感受到世界所有不幸的罪恶之举，他们能够感受到自我并不是天生过这样苦日子的人，有时他们也会反抗。但在他们无法理解结果和原因之间的连带关系，不理解自己要怎么样去获取解脱时，他们的用力与反抗就变成了如同大牛那样的抗争与哀叫一样徒劳无功。我从房间走出来，引导着大牛朝挣脱的方向行走。可谁又会将人们引领向解脱呢？除非人类可以运用自有的理智，不然便没有任何人能够使他获得解脱。

任何统治式的政权最终都是在人民大众手中的，将大众变成奴仆的，其实既不是王者、贵族，也不是财主与资本家，而是大众自身的愚蠢。

亨利·乔治

对付坏的组织不可以运用武力，甚至也不可以用好的组织。

难道不能将劳动者组织起来吗？这是可行的，只是不要忘记将劳动者组织起来只会使劳动效率与生产能力得到提高，但并不能让劳动者美满。

劳动者的最终幸福只能通过完善自由的道德而获取。

顽劣社会制度的存在是可怜可憎的事情，可人不但对它进行创造、忍耐，还会为了达成某种自私目的而对它加以利用，这种行为不是更加可憎吗？

斯特拉霍夫

我们生活在规则的、教化的、文明的年代，而道德年代却离我们很远。只需要看一下我们的现状，就能意识到国度越有文化，百姓就越悲惨。于是我们会产生疑问：处于野蛮的原始年代，百姓不是比现在的人更美满吗？

假如不对百姓的道德和智慧进行培养，又怎么能使他们获得美满呢？

康德

想要将世界之恶进行克服，唯有一个办法，那便是达成以道德为生活的目的。

战争的动机

六月十七日

　　为了给战争带来的灾难和制造盛大的军事力量做辩解，有各种理由被提了出来，可这些理由无一正确，其中大多数都愚昧到无辩护的意义可言。同时，对那些因为战争而失去性命的人来说，这是根本无法理解的。

　　国家利益、国际关系，包括国家声誉等理由被提出来，都是为了愚昧、放肆的战争辩驳的。用国家声誉来对战争进行辩驳是最为奇怪的事，因为所有民族都会因为这一借口而犯下的罪行与丑恶最终殃及自己，所有的民族都有可能因为声誉而产生不同程度的沦落。假设不同民族都拥有声誉，而它一定要依靠打仗、放火、抢夺、杀人等罪行，依靠殃及自身的丑恶来进行维护，这不是非常奇怪的事情吗？

法朗士

　　假如有人追问文明的国度之间是不是也需要战争，我大概会这样告诉他："不只是如今不需要，一直都不会需要的。"不管什么时候，战争都肯定不是必需的，战争通常只会对人类的常规发展以及正直、进化产生破坏。

虽然有时战争也会为文明带来一定好处，可相比之下，其危害要大于好处若干倍。不管怎么样，我们都不应该允许"还可以产生好处"这样的说法产生，这样讲就是使为战争辩护的人相信下面的权利：那就是认可有关战争必要性的讨论不过是暂时性的，它只出于个人的评断；认可人们之间的认知不同不过是对战争危害与还可以产生好处之间的不同看法。为战争进行辩护者会认为战争具备完全的危害性、没有任何好处是将来的事，眼下他们依旧认可流血、牺牲，将苦难加于百姓的战争行为是必需的，他们不理解实际上战争只是对少数人的虚荣心理进行了满足。

加斯顿·莫赫

无足轻重的争执或者误会经常会变成"伟大"的战争，这是让人非常奇怪的事。比如 1815 年英国、法国一起对俄国开战就是因为奇怪的误解、愚昧的借口而引起的，但造成的结果却是有五百万的百姓死去，还有五六十亿的财富损失。

实际上造成这场战争的只是一些不成理由的理由，拿破仑三世和英国同盟开始"伟大"战争，就是为了自己的身份和声誉。俄国则是为了抢夺君士坦丁堡，而英国就是为了保护自身的商贸霸权，同时阻止俄国对东方的影响力。这样一些虚假面具下所掩盖的，不过都是欲望和暴力而已。

里歇

掌权者为了不受到其他掌权者的袭击，从而主动发动了战争。与我们相邻的国家经常想要取得我们拥有的东西，而他们却又总是具备我们所没有的东西——在这样的情形下战争也会发生——

不是想从我们这里抢夺自己想拥有的，便是让他们拿出我们需要的。

斯威夫特

　　在人们的所有行为里，再没有什么比战争更清晰地受外在事件的挑唆的事了。竟然有数以百万计的人满怀期待，且充满豪情地去参与战争。不过他们承认战争是愚昧的、让人不解的、有害处的、凶险的、具损毁性的、悲惨的、罪恶的，而且也是完全没必要的，可虽然如此，他们依旧会因为外在事件的挑唆而展开战争。

　　政府对一切关于战争与军事力量的必要性都格外夸张，从而导致躲藏于暗处的罪恶企图被蒙蔽。

责任的认知

六月十八日

一个人对责任产生认知，也就相当于对自己内心存在的灵性有了认知。

我们只要适当予以关注，就可以惊讶地看到有些东西就存在于我们的内心——这东西便是深植于我们内心的最基本品德（这种发现可以对我们的内心有所提升）。

康德

人之价值在人之精神根源中存在——有时被叫作理智，有时则被称为良知。此根源超过了时间、空间，拥有不会改变的确实性和永远的真谛。它会在所有不圆满之中看到圆满，与所有的偏失、自私相对抗。它用强而有力的声音对我们说：他人的存在与我们有一样的价值，他人的权益和我们一样不能受到剥夺。它还指示我们接纳真谛，就算真谛与我们的自负相互冲突，它也指示我们去做真正的贤明者，就算这样做会让我们利益受损。

伊凡·蒲宁

有的人在人间的存活也可以得到天国才有的愉悦，也可以得到天国的美满——这种人充分展现了想要拥有良善生活的意念。这种人是明亮洁净的，什么东西也无法阻碍他。在理智与情感都保持明亮洁净时，神的世界便会为其开启。

婆罗门教经典

当人心对着道德开放时，全新的、神奇的、喜悦的、超越自然的美就会在他眼前展开。此时他会发现内心所具备的比自我更加高尚的东西，同时他也会意识到，不管自己的身份如何微不足道，自己都是为善、为圆满而来到这世界上的。这也会让他意识到"应恰到好处"一语的含义。

爱默生

良知的声音便是上帝的声音。

良知

良知来自自我精神根源的自省，拥有这样的自省，良知才可以对生活进行正确引导。

一个自省之人经常会认识到自己的生命中有两种并不相同的本质，一种是茫然的、感知的，另一种则是拥有敏锐目光的精神本质。第一种是指吃饭、喝水、休息、生育等如同被螺钉固定了的机械运动，而第二种自身不会去做什么事，它只对肉体行为进行评断。肉体与精神和谐时，就会加强对事物的认可，两者相对立时则会加强否认。

通常，我们将良心的通俗表现称之为良知，良知能与指南针相比：它的一头一直指向美善，另一头则指着罪恶；在我们没办法摆脱罪恶而去行善时，我们完全感受不到良知。但我们的行动一旦和良知相悖，精神本质的认知就会出现，从而指明肉体已经偏离了良知的轨迹。

上帝恩赐我们两种认知，即整个人类的相同认知和自我认知。前面一种可以叫作传承，而后面一种则被称为良知。它们如同两个翅膀，依靠着它们的能力，你才可以与上帝靠近，才会将自己提高到上帝的层面，才可以理解真谛。既然是这样，你为何还想将其中的一个翅膀剪断呢？为何想要在世界中孤立存在呢？或者为何要让世界吞噬你呢？为何要压制自我良知的呐喊或者人类的呼声呢？这两种认知都是伟大而不可亵渎的，上帝凭借它们与你保持沟通。在这两种认知统一融合时，你就可以明白上帝的存在，你就可以看到真谛，或者，你至少会认可自我已经对上帝的一些真理进行过思虑。

约瑟夫·马志尼

普通人好像会将品德的教导或者宗教教诲或者良知等看成生命不同的引导，实际上人生只拥有一个指引者，它就是良知。唯有良知才可看清一切。

良知啊，唯有你是归属于上帝的，是永远存在的，是来自上天的呐喊。对于愚蠢的受束缚的却又智慧自由的人来说，唯有良知才是仅有的可靠指导，唯有良知才会对美善进行正确评判，才会提高人的精神达至上帝的至高境界，唯有良知才会将人的优秀天性表现出来，产生人之德行品质。除去良知，所有东西都不能让我们超过动物，除去良知，我们的内心就只剩毫无头绪的评断和失去标准的理智，结果自然就是让我们沉陷于不断产生错误的可怜境遇之中。

卢梭

你还年轻，正处于各种引诱与烦恼缠绕的时期。但这个时期最为紧迫的，便是对自己的良知发出的声音进行倾听，你对它的尊重一定要超越一切。不要因为情感和欲望去违背良知，也不要因为他人的挑唆或者对旧习的遵循（这多是被冠以美名的法规与规则）而辜负良知。要经常自问：这是不是和自己的良知统一呢？凡是良知所指导的，就要大胆遵守，就要为它奉献，不要害怕与他人产生不同的看法。

西奥多·帕克

人在坐立行走中总会听到自己背后有某种声音回响，想要试着寻找它的来源却不可得。这声音用各种语言对所有人诉说，可谁也看不到说话的是谁。如果人能坦然顺从这个声音，一心一意听从它的指引，那他自身便是这声音的发出者，自身就可以与声音的来源相融合。换言之，人对这声音越是用心倾听，就越有可能获得大的睿智，而那声音也会越来越神圣、庄重，它将会给你带来圆满的人生。相反，如果人只为了俗事而操持不断，从不去真正践行应该做的事，这声音就会变得越来越渺茫，甚至最后听不到它的存在了。

爱默生

对良知的声音进行压抑，还是用心倾听良知之声并在它的光亮中进行沐浴——这完全取决于我们自身如何去做。如果我们不听从良知的指令，如果我们忽略良知所讲的，那良知的声音就会慢慢变小、变轻，最终消失。因此，请记得对良知的声音进行倾听吧。不管事情多微小，如果不重视它，我们就会沉陷于极大的邪恶之中。小邪恶极易让人形成习惯，趁着它还没有在我们内心生根之时，要尽快将其拔除。不管是恶还是善，我们只要接纳它，它就会在我们内心生长。

圣贤思想

只要是不被你的良知所认可的东西，你都要对它保持警惕。

素食主义

六月二十日

有一段时间，人们吃人肉，没发现有任何不好的。就是现在仍然有这样的野人。人们逐渐地停止了吃人肉。同样的，现在人们也一点一点地停止吃动物的肉，就像现在人对人肉感到厌恶，人们同样厌恶动物肉的那个时刻，很快就要到来了。

拉马丁

现在，由于遗弃孩子，安排角斗士战斗，折磨犯人和进行其他的暴行，被认为是卑鄙和可耻的，之前似乎没有人认为这是应受谴责，是违背正义感的，因此，杀害动物，吃他们的尸体将被视为不道德的，不允许的那个时刻正在到来。

齐默尔曼

如果你看到孩子们为他们的娱乐，折磨一只小猫或一只鸟，你阻止他们，并教他们怜悯生物，而自己去打猎，射击鸽子，为了赛马和坐下吃饭，杀害一些生物，也就是你做的正是你让孩子们远离的事情。

难道这种明显的矛盾不会变得明显，不能阻止人们吗？

对肉食的节制越来越普遍。现在多少有几个重要的城市，在那里有一个到十几个或更多的，食物里没有肉的素食餐厅。

露西·马洛丽

我们不能与我们吃同样的食物、呼吸同样的空气、喝同样的水、生存于土地上的动物们强调权利。当它们被杀时，用它们可怕的哭声让我们难堪，让我们为自己的行为感到羞耻。

普鲁塔克这样认为，除了水生动物，相对于陆地动物，我们同样已经远远落后。

不要举起你的手来反对你的兄弟，不要让任何居住在地球上生物的流血——无论是人类、家畜、野兽，还是鸟类；在你的灵魂深处，先知的声音禁止你流血，因为它有生命，你不能起死回生。

拉马丁

在我们这个时代，当为取乐和味道而杀死动物的行为明确为犯罪时，狩猎和吃肉不再是无关痛痒的行为，而导致这些愚蠢的行为，像所有的愚蠢的行为一样被有意识地犯下的，还有许多更糟糕的行为。

智慧

六月二十一日

因为不合理生活而带来的烦恼，使人将其看成符合生活的必需之事。

我觉得自己和被钉上十字架的盗贼一样，曾经与现在所过的生活都是可恨的，而且觉得身边的很多人也一样过着这样的生活。我认为自己与盗贼一样都是悲惨的，是深陷于烦恼之中的，而身边很多人也都是这样。想要脱离这样的生活状态，我不知道除去死亡还有什么办法。我与被钉于十字架的盗贼相同，都被一种力量钉在了烦恼和罪恶的生命上，就好像盗贼在徒劳的烦恼和罪恶之后，等待他的只有恐怖的幽暗的死亡，这样的东西也同样在等着我。

我与盗贼所有的都是一样的，只有一点儿不同，那就是他死去了，而我却依旧活着。他认为自己的救赎就在坟茔的对岸，可我却不会这样认为。因为除去坟茔对岸的存在，还有这一世的存在于我眼前出现，只是我对它了解不足，我对它心有恐惧。就在此时，我忽然听到了基督所说的话，同时理解了那些话的含义，从此生与死对于我都不再是罪恶，我感受到的也不是无望，而是死亡没办法毁灭的新生之愉悦和满足。

世上多数人在最初都好像纨绔子弟一样，为了没有任何意义之事挥霍自己的生命与财富，他们慢慢脱离"父亲之家"。但不用多长时间，他们就沉陷于困顿（灵魂上的）之中，而且因为没办法忍耐这困顿，又重新回到"父亲之家"，然后如同初生的孩子一样对真正的生命之道进行学习。

露西·马洛丽

我们可以从三个方面来对贤明之道进行认知：思考——这条道路最为高尚；效仿——这条道路最为简单；经历——这条道路最为艰难。

孔子

在你产生烦恼时，不要去回避它，反而要去想一想烦恼对你有何要求——它对你的要求就是为了道德的达成去奋斗。

整个人类以及自我的悲惨是全都没有好处的，哪怕它是曲折的道路。它一般都能将人带向相同的目的地——它就是自己以及整个人类的自我完善状态。

真正的宗教世界上只有一个

六月二十二日

真正的宗教是所有人的宗教。

不认识神就是一种罪恶，而将不是神的东西看作神则是最大的罪恶。

拉克坦提乌斯

关于"宗教不同"的说法多有奇异，自然，于各种历史事件中有可能形成宗教的差异，可那绝不是信仰自身的不同，而是历史不一样，对它进行研究方法的范围不同而已。虽然可能会存在各种不同的宗教资料，但不管是在什么年代，真正的宗教都仅有一个。信仰不一样不过是对于宗教帮助方法的差别，它只不过是因为年代、地方的不一样而不经意出现的差别。

康德

我们只会对坚定不移的事形成信仰，但信仰只建立于理性不可理解、言语不能形容的范畴。

我们对大多数传教者的尊重都表达过度，因为他们不但不理解，也不对真正的宗教进行追寻。他们大部分的目的都是为了确定派别式的信仰，他们知道的也不过只是那个派别名下的事。而关于宗教之争——那震惊全世界、引发流血冲突的宗教之争，也只是派别式信仰的相互争斗。但为此而承受痛苦的人，事实上完全不是自己信仰的宗教受到阻滞，因为真实的信仰从不会因为外在力量而被影响。他们要悲愤、控告的不是因为强迫顺从派别式宗教，便是没办法光明正大地顺从这种派别式宗教。

康德

自己分明居于错误当中，可却如同真谛的证明者一样断定"你不正确，我才是正确的"，这样说他人的话才是最为冷酷的。

不管你所信仰的宗教是哪一个，你都应该去与不同宗教的人进行交流。如果对方之言不再让你激动，可以与对方进行良好交流，那你便获得了平和。

苏菲智慧

不要害怕迷惑，大胆地用理智来对信仰进行检验吧！

精神生活与自由

六月二十三日

一个人将生活的实质放于内在而不是外在，才有可能获得自由。

假如奴隶对现状表示出满足，他就会变成双重的奴隶（即外在与内在）。

伯克

人做恶事，事实上是对自己做的，他根本没办法将恶放到他人身上。你在世界上生活绝不是为了做恶事，也不是与他们一起犯错，而是心怀美善帮助他人，并于其中追寻美满。

你要知道也要牢记：一个人的悲惨是他自身的罪，因为上帝在创造人时是为了让他美满的，而不是让他悲惨。

上帝恩赐于我们的所有东西里，有一些是全权交与我们自行处置的，那如同我们自己拥有的东西一样。但剩余的那些我们则无力处理，它不是归属于我们的。掌握权力、施加残暴、抢夺……这一切都不是我们的，而所有人所有事都没办法阻拦的，都不可能伤害到我们的则是归属于我们自身的东西。上帝不是我们的仇敌，他好比我们的仁慈之父，他没办法给我们的只是无法让我们获得美满的东西。

因此，圣贤所关注的只有完成上帝的意念，他在内心这样说："上帝啊，如果你想要我继续存活，我便会听从你的命令存活下去，同时对你所恩赐予我的一切东西中的自由进行守护。"

他同时这样说："如果你不想马上将我召回去，我就会奉命存活，而且以侍奉你为目标。在你下令我死亡时，我便如同奴仆听从主人指令一样离开这个世界。但在我还存活的时候，我愿意顺从你的意志去生活。"

爱比克泰德

和平原本是人类特别大的美满，但假如这和平来自奴隶制度，那它便不是美满，而是悲惨。和平——是以认可所有人的权益为根基的一种自由；奴隶制度——是对人类公益的剥夺，人之基本价值的剥夺。我们一定要用尽最大可能去将奴隶制度消除，从而获得真实的和平。

西塞罗

你一定要牢记：如果有人对你的思想、过错进行修正，那便追随于他吧，这样你与自由的距离会更近。

马可·奥勒留

唯有顺从内心可以自在接受的那个"大源头"内部的动机而产生行为的人，才能称为自由人。还有不因为习性所约束，不因为传统而知足，不被特定规则所局限，可以将过去忘记，对良知进行倾听，同时为可以接近更新更高端问题而愉悦的人，我也会将其称为自由的灵魂。

伊凡·蒲宁

以维持自由为目标的责任才是真实的责任，可以给我们带来自由的学问才是真实的学问。

没有第三条路——要么做上帝的奴仆，要么做人的奴隶。

死亡

六月二十四日

死亡教会人类选择将要面临的、即将完结的事。而随即面临的这些事最为重要。

据说，一个人想要延续生命的愿望特别强烈。这很公平。但这种渴求很大一部分是由人们提出的。人的自我本性只有在有能力的情况下才能保护自己的生命。一旦他感到被剥夺了这些能力，他就会平静下来，停止徒劳的痛苦。服从的能力是自身本性赋予我们的。动物，如野兽，不会抵抗死亡，并且无怨无悔地去经受它。当这种能力丢失时，会建立起另一种能力，它来自人类的智慧，但却很少有人去利用它。

卢梭

不久你就不得不走向死亡！但是你仍然无法摆脱假装和恐惧。你不能落后于偏见，认为世俗的外在可以伤害一个人，你不能在每方面都变得顺从。

马可·奥勒留

一个有智慧的人更多地考虑生，而不是死。

斯宾诺莎

精神不会死亡，因此一个过着精神生活的人不受死亡的束缚。

如果你想习惯于在没有恐惧的情况下思考死亡，那么试着审视并生动地走进那些所有力量致力于"生"的人的位置。在他们看来，死亡过早地降临在他们身上，与此同时，永久地忘却了许多人，并且最后无论如何都会走向死亡。这个时期有多么短暂，生命之船有多少苦痛，邪恶与脆弱！

值得谈谈这一刻！想一想，你是永恒的，未来也是永恒的。在这两个深渊之间，为你会制造出什么样的不同？你会度过三天还是三个世纪？

马可·奥勒留

阻碍会干扰自由，而阻碍来自拖延。准备就绪就意味着能够完成。什么都没做，就什么都无法完成。我们给自己留下的事，稍后将会在我们的面前再次重现，并使我们的路变得更难走。让我们每一天都处理好涉及的事，清理自己的事务，珍惜每一个明天，那样我们将永远做好准备。能够做好准备，就意味着能如常面对死亡。

艾米尔

常言道：我没有什么留恋了，现在是我死去的时候了。一切都与我无关了，因为是时候死去了，没有什么可做也没有时间去做了。而有一件事永远被需要，越接近死亡，就越是需要。那就是关乎灵魂的事：提升，重拯灵魂。

我们解决每一个问题时都会问，应该这样做还是那样做呢？问问自己，如果你知道你会在晚上死去，那么你会做什么呢？可是，永远都不会有人知道你做了什么。

死亡教人们学会如何完结自己的事。在所有事中，只有一种事总是能圆满完结——这些事是关乎爱的事，而不是去寻求什么奖赏。

一个人越容易取悦别人，从虚荣中解脱出来，就越容易信奉上帝，反之则反。

不要将得到别人的敬仰当作活着的目的，自己给自己做裁判才是最关键的，以免别人是因为虚荣心而说你不好。

露西·马洛丽

善人的荣誉在自己的良心中，而不在其他人的嘴巴上。

一般人对自己的不足之处视而不见，却难以忍受别人的不足之处。一般人也处处喜欢说他人的不是，并觉得那相当严重。可是没想到就是因为这样的态度，自己的真面目显露无遗。

只要我们敢于直面自己的不足之处，并以他人为镜，那么就可以非常轻松地改正自己的不足之处了。

拉布吕耶尔

夸赞你的人的质量才是最重要的，而不是数量。不被恶人所喜欢是值得骄傲的。

塞内加

因为我们对自己和他人的高尚价值认识不到位，所以才会逢迎别人。

拉布吕耶尔

几乎每个人都会有一些执着的顽固的信念，就如同小孩子为了让自己在他人面前隐形而把自己的眼睛蒙起来的信念——他相信自己看不到别人，别人也就没办法看到他。之后对我们的生活和行为给别人留下了什么印象进行思考是件非常有意义的事。

把德高者的境界当作目标，并以此来打磨自己，这是成为德高者最可靠、最直接的办法。这样一来，你就会知道所有德高者之所以变得高尚杰出都是源于自己的努力。

苏格拉底

如果一个人对别人指责自己这件事看得太重，那么他是无法得到安宁的。

千万不要替自己辩解。

相比不尊重真理的邻人，爱真理的陌生人要好得多。

去做自己觉得对的事情吧，也不要期许因此得到荣誉。

你要牢记：所谓愚人就是恶意批评善行的人。

假如一个人将孩子、朋友或不容易逝去的物质看作自己的幸福之源的话，他能称得上是一个真正幸福的人吗？这些幸福难道不会转瞬即逝吗？你应该知道：幸福的源泉只可能是自己和神。

德摩菲尔

人的虚荣心是绝对不可能和真正的伤心融合到一起的，而且因为我们的内心存在着执着的虚荣心，所以程度最深的伤心都不可能把它赶走。

在伤心的时候所表现出来的虚荣心，就是企图让别人看到自己的难过和悲哀的想法。即便自己没有察觉到这个不足之处，它也会出现在任何程度的难过中。而且因为我们的虚荣心，我们也会因此不再具有对邻人的不幸所应该有的同情心了。

不管一项行为多么善良，都或多或少包含着虚荣心或想赢得世人的夸赞的欲望。可是在下面的情况中，这种欲望是没有害处的：就算自己的善行遭到了抨击，依然能坚守自己的行为。

爱向人展示其生活的目标，理智告诉人完成目标的方法。

爱告诉人们其生命的目的，理智告诉人完成此目的的方式方法。

太阳源源不断地照亮世界各个角落。同样地，人的理性之光也持续照亮着各物。就算受到什么阻碍，它也依然淡定地照射着，从来不知辛劳为何物。凡是迎向它的，都被它所照亮，反之，背朝它的人，都会遗忘在阴影中。

马可·奥勒留

相比世界上的万物万象，人就是不堪一击的芦苇，可是那芦苇是拥有理性的。

想要夺走人的生命实在是再简单不过了，可不管怎样，和其他所有生物或岩石相比，人都要尊贵得多。因为人尽管最终摆脱不了死的命运，却能通过自己的理性觉察到死，他也可以在大自然之前觉察到自己的肉体多么不值一提，而自然界的其他东西是根本没有意识的。

我们所有的宝物都可以在理性中找到。只有凭借理性，人才有可能超越其他所有东西，让自己的境界达到崇高的地步。我们应该对理性予以支持和关注。我们生活的所有角落都被理性照亮，并区分开善恶。

帕斯卡

人正是因为拥有理性，才和其他生物不一样。尽管有一部分人希望理性进步，可是大部分人看轻理性。他们竟然期待远离那足以让自己超过家畜的理性。

东方箴言

基督教能把我理性的本质扩宽，能赐予我力量，并让我变成更尊贵的人，所以我从心底夸赞基督教。如果我因为要变成基督徒而杀死了自己的理性，那么我肯定会误入歧途。从基督教那里，我感觉到自己必须要牺牲自己的财富、名誉和生活。我无法想象我得把理性牺牲掉来成全某种宗教——那会让我高于其他动物，使我得到更尊贵的理性。我觉得对神圣最严重的亵渎就是丢弃神所给予我的宝物，毫无疑问，这样的事通过暴力反抗的形式存在于我们内心的神的根源。……我们思想的本质最高的表现形式就是理性。理性让我们和神、宇宙融为一体，理性反映着我们的心灵达到了完满的状态。

伊凡·蒲宁

　　如果一个人没有理性，他就不可能对人生的意义有所了解，也就不可能把善恶区分开，当然也没办法得到幸福、拥有幸福。

努力

六月二十七日

只有那些不断尝试的人才能过上美好的生活。

为了实现美好生活，我们不能轻视行任何好事。小善行所需的力量不亚于大善行。

如果一个人知道什么是美德但没有按照美德的要求行事，那么他就像旅行者那样。如果他只知行路，那么他就会停下来等待避难所和食物，私以为避难所会自己来到他身边。

为了不使整个容器里的东西洒出来，需要小心拿着它。

为了使刀片锋利，需要不断打磨。对待你的灵魂也一样，如果你正在寻找真正的福祉。

老子

如果有一个对你来说伟大而有益的东西，它不会一唤即到，也不会在你不付出劳动和努力时来到你身边。

爱默生

毕达哥拉斯说，尽量过好生活，尽可能符合美德。也许会非常难，但随着越来越习惯，生活会变得越来越开心。

努力不仅仅以快乐生活作为奖励，事实上努力本身就给予了最大的生命福祉。

家庭

有时，家庭的利己主义的残忍度比个人的利己主义有过之而无不及。有些人尽管觉得为了个人而把别人的幸福牺牲掉是可耻的，可是为了家庭的幸福，他们却觉得利用别人的悲哀或不足是理所当然的。

"为了家庭的幸福"是最常用的，而且是最不合理地给自己的恶行辩解的理由。

小气、威胁、扭曲的思想、对劳动人民的剥削——这一切辩护的理由都是对"家庭的爱"。

不管家庭还是家世，都不能局限一个人的灵魂，而且这种局限也是不应该的。从一个人诞生在这个世界上，就有几个固定的人围绕在他的身边，这些人关爱他，激发了他对别人的爱。可是家庭的以及民族的结合假如形成特殊的阶段，违背了全人类的目标，那么家庭就变成了我们的坟墓，而不是对我们的灵魂进行培育的地方。

伊凡·蒲宁

爱家庭和爱自我事实上是一码事，所以虽然它可以为恶行辩护，却没办法给他辩护。

家庭并不是已经达到了至善的状态。反之，在抵达至善状态时，大部分家庭通常都是阻碍。

有些人通过权力，有些人通过知识，有些人通过享乐来追求幸福，这三种欲望组成了三种不一样的学派：一般的哲学家都属于其中一种学派。可是真正的哲学家却知道，在以上任何一种追求中，都不可能找到全人类为之奋斗的广泛的幸福。也就是说，他们知道真正的幸福并不能在少数人的私有物之中找到（人对其私有物的追求是没有止境的），他们也知道真正的幸福的得到可以不损害不妒忌，那不是和自己的意志背道而驰的，是不可以被强行夺走的。

帕斯卡

不管是爱自己还是爱家庭，都没有善恶之分，那是一种再正常不过的现象。

不管是爱自己还是爱家庭，如果超出了一定的限度就极易变成罪恶。当然这已经不是善了。

忧郁

六月二十九日

当人对自己的生活和全世界的生活都找不到价值时，就会产生忧郁这种心态。

有这样的人，他们处于愁闷或者恼怒中，却欣赏自己的这种状态，甚至以此为傲。这就好比，当你解开驮你下山的马的缰绳，你还是会用鞭子抽打它。

忧郁或其他相似的病态的精神状态不仅会让身边的人心情不好，而且传染性很强。所以只要是让别人觉得不快乐的事，心思细腻的人都会一个人静静地消化，当然也只有孤独时，他才能容许自己陷入忧郁和焦灼中。

一般人都觉得一个人的精神状态会受到外在因素的影响，可是这种错误观念是有害无益的。饥饿、疾病、疲惫这些肉体状态尽管会影响到人的精神状态，可是那只会暂时性削弱人的精神力量，并不能对其方向进行改变。

一个人如果只依靠外在事物活着，自己的生活状态确实很有可能因为外在原因而彻底改变，他们也许会陷入忧郁和焦灼中，对以前所赞誉的进行诽谤，对以前所喜爱的产生厌恶。

如果你觉得眼前的一切都变得没有光彩，变成罪恶，如果你变得喜欢骂人，想干坏事，一定要记得摒弃这时候的自己。你可以将进入到这种状态的自己看成一个说不清道不明的醉汉。等待吧，直到这种状态消失。你越是能安静下来，这种状态消失的时间就越早——那只是醉汉做的一场梦而已。

所谓坏人，他们大部分都是因为将自己一时脱离正轨的精神状态看作常态，并深陷其中。因此才变成坏人。

当你觉得世界是丑陋的，所有人都是面目可憎的，一切都是难以解释的，那么你应该充分利用这种时候，也就是说，你必须认真反省自己，这样一来，你才会在自己内心深处找到之前从来没有发现的东西，这时你在自己内心深处所发现的肮脏绝对会让你受益匪浅。

事实上，连绵不断的不幸很少见，相比希望，绝望更会骗人。

沃维纳格

永远不要灰心。

人天生就应该是幸福的，所以，如果一个人是不幸的，那就是他本身犯了罪。

我觉得人首先应该做好一件事，那就是让自己幸福，让自己得到满足。不满足应该被当作像恶行一样龌龊的事。所以，如果我身边或我自己有什么不高兴的事，不要去向别人抱怨，应该致力于早日消除它。

　　天父啊，请助我一臂之力，让我能一直保持喜悦，可以在谦卑、爱和纯净中去完成你的意志。

　　对自己身边的一切都觉得烦躁，或焦虑、不满于自己的现状时，最好的办法就是像蜗牛一样躲到自己的壳里去！也就是说，如果你一直牢记自己在此世的使命，耐心等待那种状态消失，那么你很快就会重新充满为这世界奋斗的壮志。

外在世界与内在世界

如果人不再耗费心血在解决外在世界的种种问题上，而可以一心解决那仅有的一个完全的内在问题，他的生活将会变得多么美妙，而这时解决外在世界的所有问题也就不在话下了。

尽管我们不知道，也没办法知道万人的幸福到底可以在哪里找到，可我们却知道所有的人要想得到幸福，仅有的一个办法就是去完成人被赐予的善的法则。

外在世界的大变化，或者大部分人的鼓励、矛盾、战争、屠杀等是没办法开创真正的生活的，真正的生活只能在内在世界的成长中才能开创。

全世界的人都在颤抖，处处让人觉得大家好像都在忙着为地震做准备。人好像现在才意识到自己的责任是多么重大，人的辛劳好像一直都在增加，看上去将要完成什么伟大的事业。基督出现以前，这个世界也一直在等待出现什么重大的事件，可是基督到来时，世人却没有接纳他。现在世界又在为新希望的到来忍受其到来前的苦痛，可是即将出现什么，却没有人知道。

露西·马洛丽

"一百个人当中，九十九个人都在一个人的统领下是不义的，那是专制暴政。九十个人被十个人统领也是不义的，那叫寡头政治。四十九个人被五十一个人统领（可是这根本就是不可能的，事实上统治者都是五十一个人中的十人或十一人）才和正义相吻合，自由才有实现的可能。"

你肯定会觉得这样的结论很荒谬，可是如今的国家制度要想得到改善，这是最根本的办法。

从吵闹不已的党派声中把真理分辨出来是件极其不容易的事。

席勒

一个人只有做好一个人孤身前行的准备，才能堂而皇之地走上真理和正义之路。

佩尔歇

不管使用什么样的政治手段，铅的思想都不可能变成黄金的行为。

斯宾塞

普通人首先会想把自己解救出来，然后才想到解救世界。尽管这样，为了解救世界，为了让全人类都得到自由，人却做出了积极的努力。

赫尔岑

　　假如人越笃定通过自己意志以外的东西可以改变自己的人生，他的人生就越是难以得到完善。